はじめての受験から730点をめざせ！

TOEIC® TEST 英文法・語彙 ベーシックマスター

Part 5・6で確実に得点できる11の基本戦略

TOEIC®TEST990点満点取得者
宮野　智靖

Jリサーチ出版

TOEIC is a registered trademark of Educational Testing Service（ETS）.
This publication is not endorsed or approved by ETS.

はじめから高得点をめざす人へのメッセージ

　本書は「Part 5とPart 6に出題される最重要ポイントだけ」を効果的に伝授し、「はじめての受験から最低730点を突破できる英語力」を身につけさせてくれる画期的なTOEIC対策書です。

　TOEICの全パート（Part 1～Part 7）のうち、このPart 5とPart 6（とりわけPart 5）を制する人が高得点を取っているという事実を皆さんはご存知ですか？

　TOEICのリスニングセクション（Part 1～Part 4）は、どの受験者にとっても比較的簡単で、平均的に高スコアが取れる仕組みになっています。「そんなにできなかったのに…」と思った人でさえ、予想以上に高いスコアが取れるわけです。それとは対照的に、リーディングセクション（Part 5～Part 7）はそうはいきません。かなりの人がなかなか満足できるスコアを取れないのです。

　しかし、本書を真剣に学習すれば、Part 5とPart 6で満点が取れるほどの実力が身につきます。実際のTOEICに出る文法ポイント、語彙だけを集中的にマスターできるように構成されているからです。

●TOEIC最頻出の文法ポイントをマスターできる！

　TOEICの英文法は出るポイントが限られています。よって、分厚い英文法書を1冊まるまる学習する必要はありません。本書は、TOEIC文法問題における出題傾向の徹底的な分析・研究に基づき、重要なポイントのみを学べるように構成されています。本番そっくりの練習問題でしっかりと実力を養成できるようになっています。

●語彙（単語・熟語）力が飛躍的にアップする！

　TOEICのPart 5とPart 6の語彙問題で問われるものは、ほとんど決

まっています。最頻出の語彙を覚えていくことで、あなたのスコアと語彙力は飛躍的にアップします。各Unitの最後のページの【まる覚え！最重要単語／熟語】や各練習問題の【語句】の中の語彙は重要なものばかりなので、しっかりと覚えて下さい。また、本書は語彙の学習法についても言及しているので、参考にして下さい。

　さて、TOEIC対策書の類書のほとんどには「Part 5とPart 6は1問30秒で解きましょう」と書いてありますが、それではハイスコアは狙えません。本書では「Part 5は1問20秒以内、Part 6は1問30秒以内で解く！」を目標にします。

　「どこに着目すればすぐに解けるか？」を意識して、本書の練習問題に取り組むことにより、あなたは必ず1問15秒～20秒で解けるようになります！慣れてくれば、1、2秒で解ける問題もあるはずです。

　高い正解率で解答しつつ、Part 5とPart 6を20分以内で終えれるようになれば、残りの55分をPart 7の長文問題にあてることができます。そうなれば、ゆっくり余裕と自信を持ってPart 7に取り組めます。これがリーディングセクションを制する最高の戦略なのです。

　燃えている人ならば、7つのUnitのうち、1日に平均1つのUnitをこなしていき、最後の模擬試験を最終日に行なえば、だいたい1週間で終了可能です。ただし、一通りやって終わりにするのではなく、ぜひ本書を最低2回（できれば3回）はやって完璧にマスターして頂きたいと思います。丸覚えするくらいの気持ちで取り組んで下さい。

　本書がTOEICスコアアップを目指す皆さんの大きな助けとなりますようお祈り致します。

宮野　智靖

CONTENTS

メッセージ ………………………………………………… 002
本書の利用法 ……………………………………………… 006
TOEICテストとは？ ……………………………………… 008
テストの構成は？ ………………………………………… 009
Part 5とPart 6はどんなパートか？ …………………… 010

Unit 1　語彙問題の攻略① …………………………… 013

基本戦略❶　語彙問題の2つのパターンを知ろう！ ………… 014
基本戦略❷　TOEICの語彙は、難解ではない。
　　　　　　頻出語彙を覚えてしまおう！ ………………… 015

Unit 2　動詞の攻略 …………………………………… 033

基本戦略❸　文法の中核となる、
　　　　　　動詞の活用・用法をマスターしよう！ ………… 034

Unit 3　品詞問題の攻略 ……………………………… 059

基本戦略❹　3つの最重要パターンに注意！ ………………… 060
基本戦略❺　派生語の問題は、
　　　　　　「語尾」だけ覚えておけば正解できる！ ……… 060

Unit 4　語彙問題の攻略② …………………………… 079

基本戦略❻　短時間・速効！
　　　　　　これが語彙習得の4つの王道だ！ …………… 080

004

| Unit 5 | 関係詞・代名詞・副詞・形容詞・比較の攻略 | 099 |

基本戦略 ❼ 5つの文法事項の基本を確認しよう！ 100

| Unit 6 | 接続詞・前置詞の攻略 | 125 |

基本戦略 ❽ 接続詞の基本パターンと頻出用例をマスターしよう！ 126

基本戦略 ❾ 前置詞の頻出用例をマスターしよう！ 128

| Unit 7 | Part 6 長文読解問題（Text Completion）の攻略 | 147 |

基本戦略 ❿ Part 6の出題傾向を知ろう！ 148

基本戦略 ⓫ Part 6攻略のコツは、これだ！ 149

模擬試験 171

問題 172
正解・解説 186
解答用紙 207

本書の利用法

本書はTOEIC TESTビギナーの人が、「文法問題・語彙問題」と呼ばれるPart 5とPart 6の全貌を知り、基本的な戦略・文法ポイント・解法を身につけるために作成されています。各Unitは、「基本戦略」＋「練習問題」＋「最重要単語／熟語」で構成されています。

STEP 1　Part 5・Part 6の基本戦略をマスターしよう

各Unitの冒頭で、文法問題・語彙問題を攻略する基本戦略をマスターしましょう。合わせて、効果的な学習方法、出題傾向、問われる文法事項などが学べます。

すべての問題に、★（470点レベル）、★★（600点レベル）、★★★（730点レベル）の表示をしてありますので、参考にしてください。

STEP 2 練習問題で、実力をつけよう

本書では、文法問題・語彙問題はおもにPart 5の問題を解きながら練習します。Part 6はPart 5の応用ですので、まずはPart 5を多く練習することが高得点への近道になります。
※Unit 1〜6にはPart 5の問題、Unit 7にはPart 6の問題を収録しています。

練習問題Start!

1. There was an urgent ------- for the consumer electronics company to recall the newly-released dishwashers.
   (A) aspect
   (B) control
   (C) need
   (D) point

2. The romantic comedy ------- us so much that we laughed the whole way through it.
   (A) enjoyed
   (B) entertained
   (C) played
   (D) preferred

3. Kindly read all the ------- documents carefully before you send us your comments.
   (A) attached
   (B) connected
   (C) patched
   (D) united

4. The ------- amount of the loan for the wastewater reclamation project is estimated at around 25 million dollars.
   (A) brief
   (B) major
   (C) near
   (D) total

016

まる覚え！最重要単語

- □ **absence** 图 不在、欠如 ● absence of sunlight（太陽光の不足）
- □ **accommodate** 動 〜を収容する、〜を調整する、〜を受け入れる ● The hall accommodates 600 people.（そのホールは600人を収容できる）
- □ **accordingly** 副 それに応じて、それゆえに ● make plans accordingly（それに沿って計画を立てる）
- □ **account** 图（預金）口座、勘定書、説明 ● savings account（普通預金口座）
- □ **acknowledge** 動 〜の受領を通知する、〜を認める ● We acknowledge receipt of your payment of $500.（500ドルのお支払いを受領した旨をお知らせします）
- □ **address** 動 〜に取り組む、対処する ● address the problem（その問題に取り組む）
- □ **alternative** 图 代わりの、代替の ● alternative route（代替経路）
- □ **appointment** 图 予約、任命 ● reschedule my appointment（私の予約を変更する）
- □ **approximately** 副 およそ、約 ● approximately 300 people（約300人）
- □ **argumentative** 图 議論好きな、議論好きな ● argumentative essay（議論エッセイ）
- □ **assembly** 图 組立、組立品 ● automobile assembly line（自動車組立てライン）
- □ **attention** 图 注意、注目 ● pay attention to every detail（細部にまで注意を払う）
- □ **authority** 图 権限、権威 ● authority of the project manager（プロジェクトマネージャーの権限）
- □ **authorization** 图 許可、公認 ● get authorization（認可を得る）
- □ **breakdown** 图 内訳、明細 ● breakdown of expenses（費用の内訳）
- □ **brief** 動 〜に要点を伝える ● brief the manager about our concerns（マネージャーに我々の懸念をかいつまんで伝える）
- □ **caution** 图 用心、注意 ● use caution（用心する）
- □ **closely** 副 綿密に、詳しく ● closely examine the report（報告書を綿密に調べる）
- □ **confidential** 图 機密の、秘密の ● confidential information（機密情報）
- □ **conservation** 图 保存、保護 ● conservation of energy（エネルギー保存）
- □ **consolidation** 图 連結、強化 ● consolidation of each staff member（各スタッフメンバーの連結）

032

STEP 3 語彙力を増強しよう

各Unitの最後には、「最重要単語」または「最重要熟語」が収録されています。どれも出題傾向の分析にもとづいた頻出語彙ですので、まる覚えすれば高得点に直結します。

STEP 4 模擬試験に挑戦しよう

学習の仕上げに模擬試験にトライしましょう。本試験と同じ52問で構成されています。全問を20分で解ききるように頑張ってください。
※解答用紙は207ページにあります。切り取ってお使いください。

TOEIC®テストとは？

　TOEIC（Test of English for International Communication）は米国の非営利組織ETS（Educational Testing Service）が開発・制作するテストで、現在約90カ国で実施されています。

🔲 結果はスコアで

　英語によるコミュニケーション能力を評価することを目的にしており、合否判定ではなく、スコアによってテスト結果を評価します。スコアはリスニング5〜495点、リーディング5〜495点、トータル10〜990点の、5点きざみです。

🔲 英語だけのテスト

　TOEICは、指示文も問題もすべて英語によって行われます。すべての問題が、選択肢より正解を選ぶ形式の客観テストで、解答はマークシートに記入する方式です。問題数はリスニング100問、リーディング100問、計200問で構成されています。解答時間は120分で、うちリスニングが約45分を占めます。なお、リスニング・セクションは、試験会場で流される音声にしたがって進行します。

🔲 ビジネスパーソンの英語力の基準

　TOEICはその内容が身近な内容からビジネスまで幅広く、会社員・公務員、就職を控えた学生が数多く受験します。公開テストのほか、IP（Institutional Program）と呼ばれる団体特別受験制度があり、企業や学校単位でも実施されています。日本における公開テストとIPを合わせた受験者数は年間163万5千人を超え、いまやビジネスパーソンの英語力を表す基準になっていると言えます。

　2007年度、公開テストの平均スコアは579点（リスニング：315点、リーディング：264点）で、2008年度の新入社員の平均スコアは456点（リスニング：250点、リーディング：206点）です。

　　　　　　　　　　　　※資料提供：（財）国際ビジネスコミュニケーション協会

公式ホームページ▶ http://www.toeic.or.jp
　　●インターネットからも受験申込ができます。

TOEIC is a registered trademark of Educational Testing Service (ETS). This publication is not endorsed or approved by ETS.

テストの構成は？

　TOEICはリスニング・セクションとリーディング・セクションで構成されています。それぞれ100問ずつで、解答時間はリスニング約45分、リーディング75分となっています。設問は選択形式で、PART 2が3択である以外は、すべて4択です。

　TOEICの問題形式は毎回同じです。難易度は統計的に調整されているので、実力が同じであれば、いつ受験しても同様のスコアが出るようになっています。

◨ TOEICの7つのパート

リスニング・セクション　　　約 **45** 分

PART 1
写真描写問題（Photos）▶ 10問
写真を見て、最も適切な描写を4つの選択肢から選ぶ。

1問の解答時間：5秒

PART 2
応答問題（Question-Response）▶ 30問
流れてくる質問に対して、最適の応答を3つの選択肢から選ぶ。応答の選択肢も音声で流れ、テスト用紙には印刷されていない。

1問の解答時間：5秒

PART 3
会話問題（Short Conversations）▶ 30問
流れてくる会話に対して、3つの設問に答える。設問はすべて4肢択一。設問・選択肢はテスト用紙に印刷されている。設問は音声でも流れる。

1問の解答時間：8秒

PART 4
説明文問題（Short Talks）▶ 30問
流れてくるアナウンス・スピーチに対して、3つの設問に答える。設問はすべて4肢択一。設問・選択肢はテスト用紙に印刷されている。設問は音声でも流れる。

1問の解答時間：8秒

リーディング・セクション　　　**75** 分

PART 5　短文空所補充問題（Incomplete Sentences）▶ 40問
文の空所に最も適切な語句を4つの選択肢から選ぶ。　時間配分 1問：20～30秒

PART 6　長文空所補充問題（Text Completion）▶ 12問
長文につくられた空所に最も適切な語句を4つの選択肢から選ぶ。長文は4つあり、それぞれ3つの設問が付属している。　時間配分 1問：30秒

PART 7　長文読解問題（Reading Comprehension）▶ 48問
13～14個の長文を読んで、付属する設問に解答する。設問はすべて4肢択一。このうち4つの問題文はダブルパッセージで、2つの文書で構成される。ダブルパッセージの問題文には5つの設問がある。　時間配分 シングルパッセージ（設問2～5個）：2～5分
ダブルパッセージ（設問5個）：5分～6分

Part 5とPart 6はどんなパートか❓

具体的な解法について触れる前に、Part 5とPart 6がどんな問題で構成されているか、概要を紹介します。このパートのイメージをつかんでおきましょう。

Part 5　短文穴埋め問題（Incomplete Sentences）
　　　　設問Q101〜Q140　設問数40問

　Part 5は、文の一部が空所になっており、その空所を適切に埋める選択肢を選ぶ問題です。

　40問のうち、「語彙問題」と「品詞問題」が最も多く、どちらもたいてい10〜12問程度出題されます。残りの16〜20問は「文法問題」で、時制、受動態、助動詞、分詞構文、不定詞、動名詞、仮定法、関係詞、代名詞、副詞、形容詞、比較、接続詞、前置詞に関する問題がまんべんなく出題されます。

　Part 5に費やす制限時間は、後のPart 6とPart 7に大きく影響してきます。多くのTOEIC対策書はPart 5の問題は、1問30秒のペースで解くことを勧めていますが、それは必ずしもすべての人にあてはまるわけではありません。私が皆さんに提唱するPart 5の戦略は、これです。

> **Part 5の問題は、必ず1問20秒以内で解く！**

　本書で練習問題をたくさんこなせば、皆さんは必ず1問を20秒以内で解けるようになるはずです。

Part 6　長文穴埋め問題（Text Completion）
　　　　設問Q141〜Q152　設問数12問

　Part 6では、3つの空所を含む文書が4つ出題されます（計12問）。それぞれの空所を適切に埋める選択肢を選ぶ問題です。

Part 6は長文問題ではありますが、Part 7のように文全体の内容を細部も気にしながら正確に読んでいく必要はほとんどなく、基本的にはPart 5の応用編と考えればよいでしょう。文書は、ビジネスレター、Eメール、メモ、記事が最も多く出題されます。

　12問のうち、8〜10問は空所の前後だけ、あるいは空所を含む1文を読むだけで解ける問題です。最も出題頻度の高い「品詞問題」「語彙問題」をはじめ文法問題の多くはこのパターンです。残りの2〜4問は、空所を含む1文の前後を合わせて読むことで解答できるようになっています。代表的なパターンとして、「時制問題」「接続詞問題」「副詞問題」「代名詞問題」などが挙げられます。

　Part 6も、Part 5同様に、スピードがおおいに要求されます。そこで、私が皆さんに提唱するPart 6の戦略は、これです。

> **Part 6の問題は、必ず1問30秒以内で解く！**

　本書を利用した練習で、皆さんは必ず1問を30秒以内で解けるようになるはずです。

Part 5とPart 6を効果的に解く手順

①問題を解く前に、必ず選択肢を先に読む

　Part 5もPart 6も、設問文を読む前に、選択肢から見る習慣をつけて下さい。選択肢(A)〜(D)のパターンをさっと一瞥し、問題が「意味を問う語彙問題」なのか「形を問う文法問題」なのかを瞬時に見極めましょう。そうすることにより、解答に至るまでの思考プロセスと時間をずっと短縮することができます。

②まず空所の前後の語句だけを読む

　Part 5の問題のうち、空所の前後の語句だけを見てすぐに解ける問題は、なんと平均26問程度あります。40問のうちの、65％くらいがそのような問題なのです。

空所の前後だけを見て解ける問題は、特に「品詞問題」「接続詞問題」「前置詞問題」「関係詞問題」「不定詞問題」「動名詞問題」などに多いです。中には設問文そのものを読まなくても、空所の前後を見るだけでほんの1、2秒で正解が分かる問題もあります。

　Part 6の問題も、「品詞問題」をはじめ、ほとんどの文法問題は、空所の前後の語句だけを読めばすぐに解答できます。「語彙問題」（つまり単語と熟語に関する問題）は、空所を含んだ1文を読んでから解答できるケースが多いですし、前述しましたが、「時制問題」「接続詞問題」「副詞問題」「代名詞問題」などは空所を含む1文の前後を合わせて読むことで解答できるようになっています。

　いずれにせよ、Part 5もPart 6も簡単な問題は即座にマークして、次の問題に進むことが大切です。テスト中、この種の問題は英文の内容をきちんと把握する必要はいっさいないのです。

③設問文の中のキーワードを瞬時に探す

　Part 5もPart 6も空所の前後だけで解答が判断できない場合は、設問文のキーワードを探すことが大切です。例えば、空所よりも前にeitherとあれば、空所にはorが入る可能性が高くなります。また、three years ago（過去）、in two weeks（未来）、for the past five years（現在完了）など、時制のヒントを表す語句がどこかにあれば、空所に入れる時制はすぐに決定できます。

　もちろん、キーワードを探しても正解が分からない場合には、全文を読まなければならないわけですが、それでもじっくりと読んでいるわけにはいかないので、全体の意味をさっと理解できる程度に速読をすることが重要になります。

UNIT 1
語彙問題の攻略①

語彙問題とは、文に合う意味を持つ語彙を問う問題です。Part 5では最も多くを占めるので、傾向と戦略を覚えて練習問題にチャレンジしましょう。毎日少しずつでもよいので、語彙力強化（ボキャビル）に取り組んで下さい。

Unit 1

基本戦略 ① 語彙問題の2つのパターンを知ろう！

　TOEICのPart 5に出題される語彙問題には、2つのパターンがあります。つまり、空所に入れるべき語の選択肢に2つのパターンが見られるわけです。

●パターン1　よく似ている語が4つ並んでいる場合

　これは4つの選択肢の語がよく似ているケースです。紛らわしい単語、混同しやすい単語が多いわけですが、パターンはある程度決まっています。接頭辞、語根、接尾辞のいずれかが同じ語を、4つ並べてある場合がほとんどです。

（例1）動詞
(A) remit
(B) emit
(C) submit
(D) transmit

（例2）形容詞
(A) compromising
(B) comprehensive
(C) competitive
(D) comparable

●パターン2　まったく異なる語が4つ並んでいる場合

　これは4つの選択肢の語がまったく関連性のないケースです。語の形も意味も異なる4つの語が並べてあります。

（例1）動詞
(A) allocate
(B) incur
(C) delegate
(D) resolve

（例2）名詞・複数形
(A) references
(B) advantages
(C) interests
(D) measures

　2つのパターンを攻略するためには、①日頃から語彙力を増強しておくこと、②接頭辞、語根、接尾辞、派生語、語源なども合わせて覚えておくこと、が重要です。（詳細はUnit 4の基本戦略⑥を参照して下さい）

基本戦略 2　TOEICの語彙は、難解ではない。頻出語彙を覚えてしまおう！

　このUnit 1では、TOEICに出題される語彙問題のうち、基礎レベルの語彙を中心に練習していきます。Unit 4では、応用レベルの語彙問題を扱います。いずれにしても、TOEICのPart 5の語彙問題は、レベルに関わらず全部を正解できなければなりません。なぜなら、TOEICには難解な語彙問題はいっさい出題されないからです。

　事実、TOEFLや英検1級などの語彙問題と比べて、TOEICの語彙問題は数段優しいレベルのものばかりなのです。大雑把に言えば、TOEICのPart 5の語彙問題は英検2級レベル＆準1級レベルです。あるいは、基本的な大学入試問題に簡単なビジネス語彙が合わさった程度と言ってもよいでしょう。

　ただし、語彙学習（単語・熟語の習得）には効果的な方法と非効果的な方法とがあります。もしも「1語1義式」で単語をこれまで覚えてきた人は、これからは意識して多義語にもっと目を向けていく必要があります。例えば、interestという語の意味はどうでしょうか。「interest = 興味」とだけ覚えているようではいけません。interestには「関心、利息、利子、利益」などの名詞に加え、「興味を持たせる」という動詞の意味もありますよね。実は、TOEICの語彙問題は多義語やコロケーションを幅広く覚えておかなければ解けないものが多いのです。

　「となると、どこからどう勉強していけばよいのか、まったく分からない」と嘆く人もいるかもしれません。しかし、心配はいりません。本書のPart 5の語彙問題は最も頻出度の高いもので構成されているので、まずはこれらの語彙を徹底的に覚えていきましょう。速効で効果が出てきます。練習問題に加えて、各Unitの最後に設けた【まる覚え！最重要単語／熟語】のコーナーに掲載した語彙もすべて丸暗記するように努めて下さい。

練習問題 Start!

1. There was an urgent ------- for the consumer electronics company to recall the newly-released dishwashers.
   (A) aspect
   (B) control
   (C) need
   (D) point

   Ⓐ Ⓑ Ⓒ Ⓓ

2. The romantic comedy ------- us so much that we laughed the whole way through it.
   (A) enjoyed
   (B) entertained
   (C) played
   (D) preferred

   Ⓐ Ⓑ Ⓒ Ⓓ

3. Kindly read all the ------- documents carefully before you send us your comments.
   (A) attached
   (B) connected
   (C) patched
   (D) united

   Ⓐ Ⓑ Ⓒ Ⓓ

4. The ------- amount of the loan for the wastewater reclamation project is estimated at around 25 million dollars.
   (A) brief
   (B) major
   (C) near
   (D) total

   Ⓐ Ⓑ Ⓒ Ⓓ

語彙問題の攻略①

正解・解説

1. (C) ★

訳 その家電メーカーは、新たに発売された食器洗い機を緊急に回収する必要があった。
(A) 名 様子、外観　(B) 名 規制、管理　(C) 名 必要、必要性　(D) 名 核心、目的

解説 空所の直前にan urgentがあります。文意から判断して、空所にどの名詞を入れるべきかを考えます。「緊急の必要、急務」と考えるのが妥当なので、an urgent needとします。

語句 □urgent 緊急の、差し迫った　□consumer electronics company 家電メーカー
□recall ～を回収する　□newly-released 新たに発売された　□dishwasher 食器洗い機

2. (B) ★★

訳 そのロマンチックコメディ映画はとても面白かったので、私たちは最後までずっと笑っていた。
(A) 動 ～を楽しんだ　(B) 動 ～を面白がらせた　(C) 動 ～を行なった、～をして遊んだ
(D) 動 ～を好んだ

解説 この英文には、〈so + 形容詞／副詞 + that ～〉(あまりにも…なので～だ) の構文が使われています。that以降を見ると、「私たちはその映画が面白かったために、ずっと笑っていた」ことが分かります。よって、空所に入れるのに適切な動詞は(B)と判断します。entertainは「～を面白がらせる、楽しませる」の意味の他動詞です。

語句 □romantic comedy ロマンチックコメディ映画　□the whole way 徹底的に、最後まで

3. (A) ★★

訳 ご意見をお送り頂く前に、添付書類をよくお読み下さいますようお願い致します。
(A) 形 添付された　(B) 形 連結した　(C) 形 継ぎの当たった　(D) 形 連合した

解説 選択肢はすべて過去分詞からの分詞形容詞です。その中で、documents (書類) を修飾するのに適切なのは、(A)のattached (添付の) です。

語句 □kindly どうか　□document 書類、文書　□comment 意見、所感

4. (D) ★

訳 その廃水再生プロジェクトのローン総額は、約2500万ドルと見積もられている。
(A) 形 短い　(B) 形 主要な　(C) 形 近い　(D) 形 総計の

解説 空所の直後にamount of the loan「ローン総額」が来ているので、(D)のtotal (総計の、全部の) を入れると、意味上適切です。the total number of pages (総ページ数) やthe total amount of money (合計金額) のように、「数」と「量」の両方を修飾できる形容詞です。

語句 □loan 融資、ローン　□wastewater 廃水　□reclamation 再生、再利用
□estimate ～を見積もる　□around 約、およそ

5. Our department has recently ------- the overall cost performance of various approaches for hedging the exchange rate risk.
   (A) classified
   (B) evaluated
   (C) overturned
   (D) reinforced

6. Mr. Gerald Perry ------- me that you are presently looking for a competent engineer.
   (A) explained
   (B) informed
   (C) mentioned
   (D) suggested

7. Any ------- goods should be reported to Material Services immediately within five days of receipt.
   (A) damaged
   (B) disturbed
   (C) injured
   (D) wounded

8. The Grand Canyon ------- millions of visitors each year because it provides them with breathtaking scenic landscapes.
   (A) attracts
   (B) cherishes
   (C) locates
   (D) observes

語彙問題の攻略①

5. (B) ★★
訳 我々の部署では最近、為替レート変動リスクを回避するためのさまざまな方法の総合的なコストパフォーマンスを評価した。
(A) 動〜を分類した　(B) 動〜を評価した　(C) 動〜を覆した　(D) 動〜を強化した

解説 the overall cost performance（総合的なコストパフォーマンス）をどうしたかを考えます。適切なのは(B)のevaluated（〜を評価した）です。

語句 □department 部、課　□overall 総合的な、全般的な　□cost performance コストパフォーマンス、費用対効果　□various さまざまな　□approach やり方、手法　□hedge 〜を回避する　□exchange rate 為替レート　□risk リスク、危険（性）

6. (B) ★★
訳 ジェラルド・ペリーさんから、御社が現在有能なエンジニアを探していると伺いました。
(A) 動〜を説明した　(B) 動〜に（…）を知らせた　(C) 動〜について話した　(D) 動〜を提案した

解説 空所の直後にmeが来ています。選択肢のうち、「人」を直後につなげることのできる動詞は、(B)のinformedだけです。inform A that 〜（Aに〜と伝える）の形になっていますね。他の選択肢はいずれもmeではなく、to meが後につながります。

語句 □presently 現在　□look for 〜 〜を探す　□competent 有能な

7. (A) ★
訳 どの破損品も受領後5日以内に速やかに機材サービス係へ報告して下さい。
(A) 形破損した　(B) 形不安な　(C) 形（事故などで）負傷した　(D) 形（戦争などで）負傷した

解説 空所の直後のgoods（商品）、つまり「物」を修飾できる分詞形容詞（過去分詞）は、(A)のdamaged（破損した）です。あとの選択肢はすべて「人」を修飾します。

語句 □report 〜を報告する　□Material Services 機材サービス係、器具サービス部　□immediately 直ぐに、至急　□receipt 受け取り

8. (A) ★★
訳 グランドキャニオンは息をのむほど風光明媚な景色を一望できるため、毎年何百万人もの観光客が訪れる。
(A) 動〜を引き寄せる　(B) 動〜を大切にする　(C) 動〜を設置する　(D) 動〜を観察する、順守する

解説 The Grand Canyon（グランドキャニオン）はmillions of visitors（何百万人もの観光客）をどうするのかを考えます。正解は、(A)のattracts（〜を引き寄せる）です。

語句 □the Grand Canyon グランドキャニオン（アリゾナ州北部にある峡谷）　□millions of 〜 何百万もの〜　□visitor 観光客、来訪者　□provide A with B AにBを与える　□breathtaking 息をのむような、素晴らしい　□scenic 景色の良い　□landscape 景色

019

9. The large parking lot was almost ------- when Mr. and Mrs. Mill got into their mini-van.
   (A) blank
   (B) free
   (C) empty
   (D) spare

   Ⓐ Ⓑ Ⓒ Ⓓ

10. A limited number of ------- seats are available for a surcharge of $15 per ticket.
    (A) conserved
    (B) deserved
    (C) preserved
    (D) reserved

    Ⓐ Ⓑ Ⓒ Ⓓ

11. We are sorry to say that the elevator is still out of -------, so please use the stairs instead.
    (A) balance
    (B) context
    (C) order
    (D) place

    Ⓐ Ⓑ Ⓒ Ⓓ

12. For your reference, we have ------- a list of some sample documents you may be required to submit.
    (A) confronted
    (B) included
    (C) reminded
    (D) stored

    Ⓐ Ⓑ Ⓒ Ⓓ

語彙問題の攻略①

9. (C) ★

訳 ミル夫妻がミニバンに乗り込んだ時、大きな駐車場はほとんどガラガラの状態だった。
(A) 形 白紙の、空白の　(B) 形 無料の、使われていない　(C) 形 空っぽの、誰もいない
(D) 形 空いている、空席になっている

解説 parking lot（駐車場）が「空っぽの、ガラガラの」という場合に用いる形容詞は、(C)のemptyです。

語句 □parking lot 駐車場　□get into ~ ~に乗り込む　□mini-van ミニバン

10. (D) ★★

訳 数に限りがあるが、チケット1枚につき15ドルの追加料金を払えば、指定席に座ることができる。
(A) 形 保存されている　(B) 形 受けて当然の、相応の　(C) 形 温存された、保存された
(D) 形 予約済みの

解説 空所の直後のseats（席）を修飾できる分詞形容詞（過去分詞）を選ぶ問題です。適切なのは(D)のreserved（予約済みの、貸し切りの）です。

語句 □a limited number of ~ 限られた数の~　□available 利用できる　□surcharge 追加料金　□per ~につき　□ticket チケット

11. (C) ★

訳 申し訳ございませんが、エレベーターはまだ故障中ですので、代わりに階段をご使用下さい。
(A) 名 均衡　(B) 名 文脈　(C) 名 正常な状態、順調　(D) 名 場所

解説 「エレベーターが故障をしているため、階段を使って下さい」と言っているので、out of order（故障して）が正解となります。out ofを用いた誤答の熟語の意味は、(A) out of balance（不均衡で）、(B) out of context（文脈を離れて）、(D) out of place（場違いで）です。

語句 □stairs 階段　□instead その代わりに

12. (B) ★★

訳 ご参考までに、貴殿が提出を求められるかもしれない文書のサンプルリストを同封致しました。
(A) 動 ~に直面した　(B) 動 ~を同封した、含めた　(C) 動 ~に思い出させた　(D) 動 ~を保管した

解説 a list of some sample documents（文書のサンプルリスト）をどうしたかを考えます。正解は(B)のincludedです。we have included ~ で「当社は~を入れておきました」の意味になります。includedはenclosedに言い換え可能です。

語句 □for someone's reference ~の参考のために　□sample document サンプル用の書類　□require ~を求める　□submit ~を提出する

13. Mr. Brown ------- knew anything about the computer software up until three moths ago.
    (A) dimly
    (B) finally
    (C) hardly
    (D) roughly

14. Mr. McWayne worked 22 years for LandCorp, where he rose to the ------- of project manager.
    (A) dimension
    (B) level
    (C) proportion
    (D) rate

15. As the Australian beef industry is booming, investors are ------- more orders of its meat.
    (A) anticipating
    (B) benefitting
    (C) commuting
    (D) discounting

16. To sign up for a free one-year ------- to this journal, please fill out the form below.
    (A) ascription
    (B) description
    (C) inscription
    (D) subscription

語彙問題の攻略①

13. (C) ★★
訳 ブラウンさんは 3 ヵ月前までそのコンピュータソフトについてほとんど何も知らなかった。
(A) 副 ぼんやりと、かすかに　(B) 副 最終的に　(C) 副 ほとんど〜ない　(D) 副 大雑把に

解説 knew の直後の anything に注目です。選択肢の中で anything と結びつくのは、準否定語の副詞 hardly（ほとんど〜ない）しかありません。また、hardly と hard（熱心に、一生懸命）の違いも確認しておきましょう。例：He hardly works.（彼はほとんど働かない）He works hard.（彼は熱心に働く）

語句 □computer software コンピュータ・ソフトウェア　□up until 〜 〜まで

14. (B) ★★
訳 マックウェイン氏はランドコープ社に22年間勤め、そこでプロジェクト・マネージャーの職位にまで昇進した。
(A) 名 容量、次元　(B) 名 地位、階級　(C) 名 割合、均衡　(D) 名 比率、料金

解説 project manager（プロジェクト・マネージャー）の何までのぼったのかを考えます。よって、正解は(B)の level（地位、階級）です。rise to the level of 〜（〜の職位に達する、〜の地位までのぼり詰める）のフレーズで覚えておきましょう。

語句 □work for 〜 〜で働く　□project manger プロジェクト・マネージャー

15. (A) ★★
訳 オーストラリアの牛肉産業は活気づいているので、投資家達はさらなる肉の注文を見込んでいる。
(A) 動 〜を見込んでいる、予想している　(B) 動 〜に利益をもたらしている　(C) 動 通勤している、〜を軽減している　(D) 動 〜を割り引いている

解説 investors（投資家達）は、オーストラリアの肉に対して、さらに多くの注文が入ることをどうしているのかを考えます。選択肢のうち、more orders がうまくつながるのは、(A)だけです。anticipate は「〜を予想する、見込む」の意味の他動詞です。

語句 □beef industry 牛肉産業　□boom 好況になる　□investor 投資家　□order 注文

16. (D) ★★
訳 この雑誌の1年間無料定期購読をお申し込みの方は、以下の申込用紙に必要事項を記入して下さい。
(A) 名 帰属、起因　(B) 名 記述、描写　(C) 名 碑文、題辞　(D) 名 定期購読

解説 this journal（この雑誌）に対する free one-year（1年間無料の）何かを考えます。適切なのは、(D)の subscription（定期購読）です。

語句 □sign up for 〜 〜を申し込む　□free 無料の　□journal 雑誌、定期刊行物　□fill out 〜 〜に（必要事項を）記入する　□form 申込用紙、記入用紙　□below 以下に

17. After you submit your application form, you will ------- receive an e-mail that lets you know we received your application.
    (A) immediately
    (B) profoundly
    (C) unexpectedly
    (D) vaguely

    Ⓐ Ⓑ Ⓒ Ⓓ

18. Mr. Toki was asked to ------- an after-dinner speech without prior notice, but he did it beautifully.
    (A) give
    (B) hold
    (C) move
    (D) talk

    Ⓐ Ⓑ Ⓒ Ⓓ

19. If you require any further information regarding this product, please do not ------- to contact us.
    (A) cause
    (B) hesitate
    (C) mention
    (D) qualify

    Ⓐ Ⓑ Ⓒ Ⓓ

20. It is quite ------- for carpenters to work together as a team under the direction of a supervisor.
    (A) common
    (B) genuine
    (C) harsh
    (D) square

    Ⓐ Ⓑ Ⓒ Ⓓ

語彙問題の攻略①

17. (A) ⭐
訳 申込用紙をご提出後、当社は申し込みを受け付けたことをお知らせするEメールをすぐにお送り致します。
(A) 副 すぐに　(B) 副 大いに、心から　(C) 副 不意に、意外に　(D) 副 漠然と

解説 空所の前後の述語動詞の部分（will receive）を意味上うまく修飾できる副詞を選びます。よって、正解は(A)のimmediately（すぐに）です。

語句 □submit 〜を提出する　□application form 申込用紙、願書

18. (A) ⭐
訳 土岐氏は事前に知らせもなくテーブルスピーチを頼まれたのだが、見事にそれをやってのけた。
(A) 動 〜をする、行なう　(B) 動 〜を開く、握る　(C) 動 〜を動かす　(D) 動 喋る、講演する

解説 「スピーチをする」はgive a speechの他、make a speechやdeliver a speechなどとも言います。このgiveの用例は、give a talk（講演をする）やgive a lecture（講義をする）などでも見られます。また、選択肢のうち、(D)のtalkだけが他動詞としては用いられず、自動詞のみに用いられることも覚えておきましょう。

語句 □after-dinner speech テーブルスピーチ　□prior notice 事前通知、予告　□beautifully 見事に

19. (B) ⭐⭐
訳 本商品に関してさらに情報が必要な場合は、遠慮なく弊社にご連絡下さい。
(A) 動 〜を引き起こす　(B) 動 遠慮する　(C) 動 〜について述べる　(D) 動 資格を得る

解説 空所の直後にto不定詞が続いていることに着目します。please do not hesitate to do（ご遠慮なく〜して下さい）は、TOEICの頻出表現として覚えておきましょう。please feel free to do（お気軽に〜して下さい）と同じ意味です。

語句 □further さらなる　□regarding 〜に関して（= about）

20. (A) ⭐⭐
訳 大工が監督の指揮の下、チームを組み協力し合って作業をすることは、よくあることだ。
(A) 形 普通の、一般的な　(B) 形 正真正銘の、心からの　(C) 形 厳しい、辛辣な　(D) 形 公平な、公正な

解説 carpenters（大工たち）がsupervisorの指揮の下で、力を合わせて作業をすることは、どんなことでしょうか。正解は(A)のcommon（普通の、一般的な）です。よって、quite commonは「とてもありふれた、よく見られる」くらいの意味になります。

語句 □carpenter 大工　□under the direction of 〜 〜の指揮の下　□supervisor 監督

21. This high-performance car battery is supposed to ------- as many as 10 years but it costs $780.
    (A) exist
    (B) last
    (C) report
    (D) retain

22. The women's volunteer group is going to ------- the charity bazaar proceeds on food for starving children in Africa.
    (A) buy
    (B) provide
    (C) spend
    (D) treat

23. The Pineapple Beach Resort has direct ------- to an extensive white sandy beach and is situated close to a variety of shops and restaurants.
    (A) access
    (B) manner
    (C) route
    (D) spread

24. We hope that you will ------- advantage of our secure online ordering service.
    (A) follow
    (B) put
    (C) take
    (D) work

語彙問題の攻略①

21. (B) ★★
訳 この高性能自動車バッテリーは10年ももつと言われているが、780ドルかかる。
(A) 動 存在する　(B) 動 持続する、持ちこたえる　(C) 動 届け出をする　(D) 動 〜を保有する、維持する

解説 high-performance car battery（高性能自動車バッテリー）が10年間もどうするものなのかを考えます。文意に合う動詞は、(B)のlast（もつ、持続する）です。as many asの前にforを入れることもできます。

語句 □high-performance 高性能の　□car battery 自動車バッテリー　□be supposed to do 〜するはずである、〜することになっている　□as many as 〜もの数の　□cost（お金が）かかる

22. (C) ★★
訳 その女性ボランティア団体は、慈善バザーの収益金をアフリカの飢餓に苦しむ子どもたちのための食糧に使う予定だ。
(A) 動 〜を買う　(B) 動 〜を提供する　(C) 動 〜を使う、費やす　(D) 動 〜をもてなす

解説 on food for 〜の前置詞onに注目します。選択肢の中で、このonとつながる動詞はどれでしょうか。spend A on Bで「A（金）をBに使う」の意味になることを覚えておかなければなりません。また、provideは、provide A for B（A（物）をB（人）に与える）とprovide A with B（A（人）にB（物）を与える）を区別して覚えておきましょう。

語句 □volunteer group ボランティア団体　□charity bazaar 慈善バザー　□proceeds 収益　□starving 飢えた

23. (A) ★★
訳 パイナップルビーチ・リゾートは広大な白い砂浜に直接出ることができ、さまざまな店やレストランの近くに位置している。
(A) 名 アクセス　(B) 名 方法、様式　(C) 名 通路、経路　(D) 名 展開、普及

解説 文意を考えながら、空所の直後の前置詞toにうまくつながる名詞を選びます。正解は(A)のaccessです。accessは「（〜へ行く）道、アクセス、手段」を意味します。

語句 □direct 直接の　□extensive 広大な、広範な　□sandy 砂の　□be situated 位置している　□close to 〜 〜の近くに　□a variety of 〜 さまざまな〜

24. (C) ★★
訳 弊社の安全なオンライン注文サービスをご用命賜りますようお願い申し上げます。
(A) 動 〜に続く、従う　(B) 動 〜を置く　(C) 動 〜を取る、つかむ　(D) 動 〜を動かす

解説 take advantage of 〜は「〜を利用する、活用する」の意味のTOEIC頻出熟語です。その他の選択肢では、文脈的にも意味が通じませんし、advantage of 〜ともうまくつながりません。

語句 □secure 安全な、機密が守られた　□online ordering インターネットでの注文

25. The toy store, which opened for business in 1975, operates over 100 successful franchise stores at home, and is ------- to expand into foreign markets.
    (A) beneficial
    (B) eager
    (C) flexible
    (D) relative

26. Based on the advice of the roofing company, Mr. Rizzo has finally decided to ------- the old roof with a new one.
    (A) rebuild
    (B) remove
    (C) replace
    (D) revise

27. The ideal candidate for this position must be ------- of assuming a wide range of administrative responsibilities.
    (A) affordable
    (B) capable
    (C) favorable
    (D) variable

28. The upgraded system has already enabled the company to increase worker ------- by 75 percent.
    (A) productivity
    (B) prospect
    (C) protocol
    (D) proximity

語彙問題の攻略①

25. (B) ★★
訳 そのおもちゃ屋は1975年に開店したのだが、今では国内で100店舗を超える好調のフランチャイズ店を経営し、海外市場への進出も切望している。
(A) 形 有益な　(B) 形 切望している、熱心な　(C) 形 柔軟な　(D) 形 関係のある

解説 and is ------- のisの主語はThe toy store（おもちゃ屋）です。空所の後を見ると、expand into foreign markets（海外市場に進出する）とあるので、ここはbe eager to do（～することを切望している）を用いるのが適切です。よって、正解は(B)です。

語句 □toy store おもちゃ屋　□open for business 開店する　□operate ～を経営する　□successful 成功した　□franchise store フランチャイズ店　□at home 国内で　□expand into ～ ～に進出する　□foreign market 海外市場

26. (C) ★★
訳 屋根工事業者の助言に基づき、リッツォさんは最終的に古い屋根を新しい屋根に取り替えることに決めた。
(A) 動 ～を再建する、改築する　(B) 動 ～を取り除く　(C) 動 ～を取り替える　(D) 動 ～を訂正する

解説 the old roof with a new oneのoneは、roof（屋根）のことですね。空所に入る動詞とwith a new oneの前置詞withとの結びつきを考える必要があります。正解は(C)のreplaceです。replace A with Bの形で「AをBに取り替える」の意味を表します。

語句 □based on ～ ～に基づいて　□roofing company 屋根工事業者、屋根専門施工店　□finally 最終的に　□roof 屋根

27. (B) ★★
訳 このポジションに理想的な候補者には、広範囲の管理責任を負うことのできる能力が必要である。
(A) 形 手頃な　(B) 形 能力がある　(C) 形 好意的な、有益な　(D) 形 変わりやすい

解説 be capable of ～（～の能力がある、～できる）は、TOEIC最頻出熟語の１つです。これを用いると文意が通るので、(B)が正解です。

語句 □ideal 理想的な　□candidate 候補者、志願者　□assume（責任・役割などを）負う、担う　□a wide range of ～ 広範囲の～　□administrative 管理上の、行政上の

28. (A) ★★
訳 アップグレードしたシステムにより、その会社はすでに従業員の生産性を75％向上させた。
(A) 名 生産性、生産力　(B) 名 見込み、可能性　(C) 名 外交儀礼　(D) 名 近接、接近

解説 75％ほどworkerの何をincrease（増加させる）ことができたのかを考えます。適切なのは、(A)のproductivity（生産性、生産力）です。increase [improve/boost] worker productivity（労働者の生産性を高める）はよく用いられるフレーズです。

語句 □upgraded アップグレードした、改良された　□enable A to do Aが～できるようにする

29. Mr. Sudo has graciously accepted an ------- to speak at the annual banquet for the Japanese Association of Minnesota on Saturday, June 26.
(A) advice
(B) exchange
(C) invitation
(D) ovation

Ⓐ Ⓑ Ⓒ Ⓓ

30. After we contacted Anderson's Plumbing & Heating, Inc., they came the next day and ------- took care of our plumbing problems.
(A) adequately
(B) adversely
(C) alternatively
(D) approximately

Ⓐ Ⓑ Ⓒ Ⓓ

29. (C) ⭐

訳 須藤氏は6月26日（土）のミネソタ州日本人会の年次晩餐会でのスピーチの依頼を快く承諾した。
(A) 名 助言　(B) 名 交換　(C) 名 招待　(D) 名 喝采

解説 annual banquet（年次晩餐会）におけるスピーチの「招待、依頼」を承諾したと解釈するのが自然です。よって、正解は(C)の invitation（招待）です。(A)の advice（助言）は不可算名詞であり、空所の前に冠詞の an がついていることから、すぐに誤答と判断します。

語句 □graciously 快く、ありがたく　□accept 〜を受諾する　□annual banquet 年次晩餐会

30. (A) ⭐⭐

訳 我々がアンダーソンズ・プラミング＆ヒーティング社に連絡を取った後、彼らは翌日来て、配管系統の問題を適切に処理してくれた。
(A) 副 適切に、的確に　(B) 副 逆に、悪く　(C) 副 あるいは、代案として　(D) 副 およそ、約

解説 空所に入れるべき副詞は、直後の took care of の動詞をうまく修飾できるものでなければなりません。よって、正解は(A)の adequately（適切）となります。

語句 □Inc. 〜社（Incorporated の略）　□contact 〜に連絡する　□take care of 〜 〜に対処する、〜を処理する　□plumbing 配管

まる覚え！最重要単語

- **absence** 名 不足、欠如　＊**absence of sunlight**（太陽光の不足）
- **accommodate** 動 〜を収容する、〜を調整する、〜を受け入れる
  ＊**The hall accommodates 600 people.**（そのホールは600人を収容できる）
- **accordingly** 副 それに応じて、それゆえに
  ＊**make plans accordingly**（それに沿って計画を立てる）
- **account** 名 （預金）口座、勘定書、説明
  ＊**savings account**（普通預金口座）
- **acknowledge** 動 〜の受領を通知する、〜を認める
  ＊**We acknowledge receipt of your payment of $500.**
  （500ドルのお支払いを受領した旨をお知らせ致します）
- **address** 動 〜に取り組む、対処する
  ＊**address the problem**（その問題に取り組む）
- **alternative** 形 代わりの、代替の　＊**alternative route**（代替路線）
- **appointment** 名 予約、任命
  ＊**reschedule my appointment**（私の予約を変更する）
- **approximately** 副 およそ、約
  ＊**approximately 300 people**（約300人）
- **argumentative** 形 論争的な、議論好きな
  ＊**argumentative essay**（議論文エッセー）
- **assembly** 名 組立、組立部品
  ＊**automobile assembly line**（自動車組立てライン）
- **attention** 名 注意、注目
  ＊**pay attention to every detail**（細部に至るまで注意を払う）
- **authority** 名 権限、権威
  ＊**authority of the project manager**（プロジェクトマネージャーの権限）
- **authorization** 名 許可、公認　＊**get authorization**（認可を得る）
- **breakdown** 名 内訳、故障　＊**breakdown of expenses**（費用の内訳）
- **brief** 動 〜に要点を伝える
  ＊**brief the manager about our concerns**
  （マネージャーに我々の懸念をかいつまんで伝える）
- **caution** 名 用心、注意　＊**use caution**（用心する）
- **closely** 副 綿密に、詳しく
  ＊**closely examine the report**（報告書を綿密に調べる）
- **confidential** 形 極秘の、秘密の　＊**confidential information**（機密情報）
- **conservation** 名 保存、保護　＊**conservation of energy**（エネルギー保存）
- **consolidation** 名 連結、強化
  ＊**consolidation of each staff member**（各スタッフメンバーの連結）

UNIT 2
動詞の攻略

動詞に関する文法事項は重要なものばかりで、Part 5の攻略のみならず英文法の最重要事項と言ってもよいくらいです。文の構造を正確に捉えるためにも、このUnitはしっかりとマスターしておきましょう。

Unit 2

基本戦略 3 文法の中核となる、動詞の活用・用法をマスターしよう！

　このUnit 2では、動詞に関するもの（時制、進行形、完了形、受動態、助動詞、自動詞・他動詞、分詞、不定詞・動名詞、仮定法）の基礎を確認します。これらの項目は英文法の中核となるとても重要な部分ですから、しっかりマスターして下さい。

時 制

　時制の基本は、現在・過去・未来の3時制です。それぞれに進行形と完了形が存在します。

1 現在形：現在の性質・状態、現在の習慣的行為、一般的真理などを表します。

① TOEICでは、頻度の副詞を伴った現在形の文がよく出題されます。頻度を表す副詞は、**一般動詞の前、be動詞・助動詞の後ろ**に置きます。
- He often comes to work late.（彼はよく会社に遅刻する）

頻度を表す副詞として、以下を覚えておきましょう。

- **always**（いつも）　**usually**（普通は）　**sometimes**（時々）　**often**（しばしば）　**never**（1度も～しない）　**hardly/scarcely**（ほとんど～しない）
- **seldom/rarely**（めったに～しない）

② 時や条件を表す副詞節の中では、現在形が未来の意味を表します。「時」の副詞節を導く従位接続詞には**when**（～するとき）／**before**（～する前に）／**until**（～するまで）／**as soon as**（～するとすぐに）／**once**（いったん～すると）などがあります。「条件」の副詞節を導く従位接続詞には**if**（もし～なら）／**unless**（～でない限り）／**as long as**（～さえすれば）などがあります。
- I'll call you when I finish work.（仕事が終わったら、電話します）
- The event will be canceled if it rains.（雨天の場合、イベントは中止となります）

2 過去形：過去の動作・状態、過去の習慣的行為などを表します。TOEICでは、特に過去を表す副詞句に注意して、英文を吟味することが大切です。

例：**yesterday**（昨日）／ **last month**（先月）／ **five years ago**（5年前）／ **in 1995**（1995年に）
- I went to France on business last year.
（私は昨年出張でフランスに行きました）

3 **未来形**：**will**や **be going to**を用いて、未来の予定、主語の意志などを表します。
- I'll be available next Wednesday.（来週の水曜日でしたら大丈夫です）
- I'm going to play golf this afternoon.（午後からゴルフをするつもりです）

進 行 形

進行形は〈**be + 現在分詞**〉の形で、現在・過去・未来のある時点で「～している」の意味を表します。

1 **現在進行形**：〈**is/am/are + 現在分詞**〉
- She is washing the dishes.（彼女は皿を洗っている）

2 **過去進行形**：〈**was/were + 現在分詞**〉
- He was watching television then.（彼はその時テレビを見ていた）

3 **未来進行形**：〈**will be + 現在分詞**〉
- I'll be expecting you at three tomorrow.（明日3時にお待ちしております）

完 了 形

完了形は〈**have + 過去分詞**〉の形で、「～してしまった」の意味を表します。現在完了、過去完了、未来完了の3種類があり、それぞれが完了、経験、継続を表します。

1 **現在完了**：〈**have/has + 過去分詞**〉
- He has just left here.（彼は今出たばかりです）【完了】
- I have never been to Hong Kong.（香港には行ったことがありません）【経験】
- She has lived in Japan for ten years.（彼女は滞日10年です）【継続】

2 過去完了：〈had + 過去分詞〉
- The train had already left when he got to the station.
（彼が駅に着いた時には、電車はすでに出ていました）【完了】

3 未来完了：〈will have + 過去分詞〉
- The package will have been delivered by the time I get home.
（家に帰るまでには、小包は届いているでしょう）【完了】

＊TOEICのPart 5には、文末に **by next month**（来月までには）や **by the time S+V**（SがVするまでに）が付いた未来完了の文がよく出題されます。

受動態

動作を受けるものを主語にした動詞の形を受動態（受け身）と言い、〈be + 過去分詞 +（by 行為者）〉で表します。

1 受動態の作り方
They published the book last week.（彼らはその本を先週出版した）
【能動態】
▼
The book was published last week (by them).（その本は先週出版された）
【受動態】

＊この英文では行為者を表すby themは不要です。

2 完了形の受動態：〈have/has been + 過去分詞〉
- The project has been completed.（そのプロジェクトは完成した）

3 進行形の受動態：〈be動詞 + being + 過去分詞〉
- A new plant is now being built.（新しい工場は現在建設中だ）

4 助動詞を伴う受動態：〈助動詞 + be + 過去分詞〉
- The meeting will be put off until tomorrow.（会は明日に延期された）

助動詞

助動詞はそれぞれの基本的な意味を覚えておけば、大丈夫です。TOEICの

動詞の攻略

Part 5を解く際に、忘れてはならないことは「助動詞の後には動詞の原形が来る」という大原則です。

1 助動詞の基本的な意味

- **will**（～するつもりだ）　●**would**（～だろう、よく～したものだ）
- **may/might**（～してもよい、～かもしれない）　●**can**（～できる、～してもよい）　●**could**（～できた、～であり得る）　●**must**（～しなければならない、～にちがいない）　●**should**（～すべきだ、～のはずだ）など

＊wouldとcouldはしばしば丁寧な表現（依頼、勧誘など）に用いられます。

- May [Can] I use your bathroom?（トイレをお借りしてもよろしいですか）
- You must check it out again.（それをもう1度チェックする必要があります）
- You should exercise at least three times a week.
  （週に少なくとも3回は運動をすべきだよ）

2 2語以上で助動詞の働きをする語句：もちろんこれらの語句の直後にも「動詞の原形」が来ます。

- **have to**（～しなければならない）　●**ought to**（～すべきだ、～のはずだ）
- **used to**（よく～したものだ）　●**had better**（～したほうが身のためだ）
- **might [may] as well**（～した方がよい）など

- I have to work overtime today.（今日は残業しなければならない）
- He used to read a lot.（彼は以前よく本を読んでいた）

3 〈助動詞 + have + 過去分詞〉

- **must have + 過去分詞**（～したに違いない）　●**should [ought to] have + 過去分詞**（～すべきであったのに）　●**could have + 過去分詞**（～することができたのに）　●**cannot have + 過去分詞**（～したはずがない）　●**would have + 過去分詞**（たぶん～しただろう）　●**might [may] have + 過去分詞**（～したかもしれない）など

- She must have cleaned up the mess.
  （彼女が後片付けをしてくれたに違いない）
- I should have declined such an offer.（そんな申し出は断るべきだった）
- He could have asked me for help.（彼は私に助けを求めることができたのに）

自動詞・他動詞

　動詞には目的語を取らない自動詞と、目的語を取る他動詞とがあります。動詞の多くは自動詞にも他動詞にも用いられます。

1 他動詞と取り違えやすい自動詞
　次の動詞は他動詞と混合して前置詞を落としやすいので注意しましょう。

> ● agree with ～（～に同意する）● arrive at [in] ～（～に到着する）
> ● apologize to ～（～にわびる）● object to ～（～に反対する）● reply to ～（～に答える）など

2 自動詞と取り違えやすい他動詞
　次の動詞は他動詞ですが、前置詞を付け自動詞にしてしまう誤りが多いので注意しましょう。

> ● attend（～に出席する）● approach（～に近づく）● discuss（～について話し合う）● enter（～に入る）● marry（～と結婚する）● reach（～に到着する）● resemble（～に似ている）など

分詞

1 分詞
分詞には現在分詞（*doing*）と過去分詞（*done*）の2種類があります。特に名詞を修飾する場合（限定用法）の違いがPart 5では問われるので、2つの違いをしっかりと区別しておきましょう。

① **現在分詞**：「～している、～する」という進行の意味を表します。
　● a sleeping baby（眠っている赤ん坊）【前位用法】
　● the man working over there（あそこで働いている男性）【後位用法】

② **過去分詞**：「～された、～される」の意味を表します。他動詞の過去分詞は受動的、自動詞の過去分詞は完了的な意味を表します。
　● stolen goods（盗難品）【前位用法】
　● fallen leaves（落ち葉）【前位用法】
　● products made in Japan（日本製の商品）【後位用法】

2 分詞構文：分詞が〈接続詞 + 主語 + 動詞〉の働きをする構文を分詞構文と言います。文頭は、能動であれば **-ing**（現在分詞）、受け身であれば **-ed**（過去分詞）で始まります。分詞構文は「時」「理由」「条件」「譲歩」「付帯状況」などの意味を表します。

- **Walking** down the street, I ran into my old friend.
  （通りを歩いていると、旧友にばったり会った）〈時〉
- **Having** so many things to do today, he can hardly take a break.
  （今日はやることが山積していて、彼は休憩をほとんど取れない）〈理由〉

＊次は完了形分詞構文の例です。〈**Having** + **過去分詞**〉の形になります。

- **Having lived** in the States for five years, he speaks good English.
  （アメリカに5年滞在しているので、彼は上手な英語を話す）〈理由〉

3 慣用的な分詞構文

- **generally speaking**（一般的に言えば） ・**frankly speaking**（率直に言えば） ・**strictly speaking**（厳密に言えば） ・**judging from ～**（～から判断すれば） ・**granting that ～**（～だとしても）など

不定詞・動名詞

1 TOEICには、不定詞と動名詞に関して難しい用法を問う問題はいっさい出ません。最も大切なのは、動詞の目的語として「to不定詞だけを取る動詞」と「動名詞だけを取る動詞」をしっかり覚えておくことです。

① **to不定詞だけを取る動詞**　＊不定詞は未来志向のイメージです。

- agree ・attempt ・decide ・desire ・determine ・expect ・fail ・hesitate ・hope ・long ・manage ・mean ・negotiate ・offer ・plan ・prepare ・pretend ・promise ・refuse ・seek ・want ・wish など

② **動名詞だけを取る動詞**　＊動名詞は過去志向のイメージです。

- admit ・appreciate ・avoid ・consider ・delay ・deny ・discontinue ・enjoy ・escape ・finish ・imagine ・include ・involve ・mind ・miss ・postpone ・practice ・quit ・resist ・risk ・suggest など

以上の２つのタイプの動詞をしっかりと覚えておけば、**We agreed ------- with them.**（我々は彼らと交渉することに同意した）の空所に入るのは動名詞のnegotiatingではなく、to不定詞のto negotiateであるとすぐに判別できるようになります。

2 独立不定詞：慣用的に用いられます。

- **to tell the truth**（実を言うと） ●**to be frank with you**（率直に言って）
- **to begin with**（まず第一に） ●**to make matters worse**（さらに悪いことには） ●**needless to say**（言うまでもなく） ●**so to speak**（いわば）など

3 動名詞を用いた慣用表現と慣用構文

① 慣用表現

- **feel like** *doing*（〜したいような気がする） ●**look forward to** *doing*（〜するのを楽しみにしている） ●**cannot help** *doing*（〜せざるを得ない）
- **be used to** *doing*（〜することに慣れている） ●**be worth** *doing*（〜する価値がある）など

② 慣用構文

- **It is no use** *doing*（〜しても無駄だ） ●**There is no** *doing*（〜することはできない） ●**It goes without saying that** 〜（〜は言うまでもない） ●**On** *doing*（〜するとすぐに）など

仮 定 法

仮定法には、仮定法現在、仮定法過去、仮定法過去完了の３種類があります。

1 仮定法現在：仮定法現在は要求、提案、勧告、主張、必要などの強調を表します。それらを意味する動詞、形容詞に続くthat節中の動詞の形は「動詞の原形」となります。

① 覚えておくべき動詞

> • advise • ask • command • demand • desire • insist • order
> • propose • recommend • request • require • suggest • urge
> など

- I suggest that Tom take the introductory course.
  （私はトムが入門講習を受けることをお勧めします）

② 覚えておくべき形容詞

> • advisable • desirable • essential • imperative • important
> • necessary • vital など

- It is necessary that Nancy contact you as soon as possible.
  （ナンシーはできるだけ早くあなたに連絡をとる必要がある）

2 仮定法過去：現在の事実に反する仮定を表します。

　　　条件節　　　　　　　　　帰結節
If+S+過去形／were, S+{would, should, could, might}+動詞の原形

- If I were you, I would give it a try.
  （私があなただったら、それをやってみるでしょう）
- If I had enough money, I would buy a new car.
  （もし十分なお金があれば、新車を買うでしょう）

3 仮定法過去完了：過去の事実に反する仮定を表します。

　　　条件節　　　　　　　　　帰結節
If+S+had+過去分詞, S+{would, should, could, might}+have+過去分詞

- If I had known Becky's phone number, I would have called her.
  （もしベッキーの電話番号を知っていたなら、電話をしていたでしょう）

＊「もし（過去に）〜したとすれば、（現在は）〜だろう」と言う場合は、次のような混合型（条件節に過去完了形、帰結節に過去形）を用います。

- If Joe had seen a doctor last week, he would be fine by now.
  （もしジョーが先週医者にかかっていたなら、今頃はもう元気だろうが）

練習問題 Start！

1. One of our staff, Mr. Cohen, recently ------- to an office automation trade fair in Las Vegas.
   (A) go
   (B) went
   (C) to go
   (D) will go

   Ⓐ Ⓑ Ⓒ Ⓓ

2. Regardless of his hectic schedule, Mr. Shaw managed ------- the deadline for an important application.
   (A) meet
   (B) meeting
   (C) to meet
   (D) to meeting

   Ⓐ Ⓑ Ⓒ Ⓓ

3. Possession or use of alcohol on company premises during work hours is strictly -------.
   (A) prohibit
   (B) prohibited
   (C) prohibiting
   (D) prohibition

   Ⓐ Ⓑ Ⓒ Ⓓ

4. The executive board members quickly realized how ------- the development project would be in terms of its core purposes.
   (A) fascinated
   (B) fascinating
   (C) fascination
   (D) to fascinate

   Ⓐ Ⓑ Ⓒ Ⓓ

正解・解説

1. (B) ★★
訳 我が社のスタッフの1人であるコーエンさんは、ついこの間、ラスベガスのOA見本市に行った。

解説 時制の問題です。空所直前のrecentlyは、現在時制と一緒に用いることができない副詞です。過去時制（ついこの間）あるいは現在完了時制（近ごろ）と一緒に用いる副詞ですので、正解は過去時制の(B) wentとなります。よって、この英文のrecentlyは「ついこの間」の意味を表します。

語句 □staff（集合的）スタッフ、社員　□office automation オフィス・オートメーション、OA　□trade fair 見本市、展示会（= trade show）

2. (C) ★★
訳 多忙なスケジュールにもかかわらず、ショー氏はなんとか重要な応募書類の締め切りに間に合わせることができた。

解説 不定詞の問題です。manageはto不定詞を目的語に取る動詞です。よって、(C)が正解です。manage to doの形で「何とか〜する」の意味を表します。

語句 □regardless of 〜 〜にかかわらず　□hectic 慌ただしい　□meet the deadline 締め切りに間に合う　□application 応募（書類）

3. (B) ★★
訳 会社の敷地内における勤務時間内のアルコール飲料の所持や摂取は、固く禁じられています。

解説 受動態の問題です。Possession 〜 work hoursまでが主部で、主語はPossession or use（所持や使用）です。それが厳しく禁じられているわけですから、ここはprohibit（〜を禁止する）を過去分詞のprohibitedにし、受動態にします。(D)のprohibitionは名詞で「禁止、禁制」の意味です。

語句 □possession 所持、所有　□use 使用　□premises（常に複数形で）敷地、施設　□work hours 勤務時間　□strictly 厳しく

4. (B) ★★★
訳 理事たちは、開発計画がその真の目的においてどれほど魅力的なものになるかをすぐに認識した。

解説 分詞の問題です。the development project（開発計画）を修飾するのは、過去分詞のfascinated（魅了された）か、それとも現在分詞のfascinating（魅力的な）かを考えます。the development projectは「人」ではなく「物」なので、正解は(B)と判断できます。(D)はhow to fascinate 〜となり、後ろのwould be 〜とうまく結ばれません。

語句 □executive board member 理事、重役　□realize 〜を認識する　□development project 開発計画　□in terms of 〜 〜に関して　□core 中心、核心　□purpose 目的

5. We thank you and look forward to ------- you back to Dukes Hotel in the near future.
   (A) be welcomed
   (B) being welcomed
   (C) welcome
   (D) welcoming

6. The next training session ------- scheduled for March 15, 2:30 P.M., and will focus on how to boost sales.
   (A) are
   (B) being
   (C) is
   (D) will

7. One of my coworkers suggested ------- part in the marketing & sales seminar that will be held downtown next month.
   (A) take
   (B) taken
   (C) taking
   (D) to take

8. Customers can ------- for an all-expense-paid trip to Washington, D.C. by answering a simple questionnaire about our new product.
   (A) apply
   (B) applies
   (C) applied
   (D) be applied

動詞の攻略

5. (D) ★

訳 この度のご宿泊をありがとうございました。デュークス・ホテルにまた近い将来お越し下さることを楽しみにしております。

解説 動名詞の問題です。〈look forward to + *doing*〉の形で覚えておきましょう。意味は「〜を楽しみにしている、心待ちにしている」です。

語句 □welcome *someone* back 〜を再び迎え入れる　□in the near future 近い将来に

6. (C) ★★

訳 次の講習会は3月15日の午後2時30分の予定で、売上げを増やす方法に焦点を当てます。

解説 時制および主語と動詞の一致の問題です。コンマの後のandの直後はwill focusとなっていますが、この問題を解くのに大切なのは、空所の前後をよく見て、正しい選択肢を選ぶということです。あわてて(D)のwillを選ぶようではスコアを落としてしまいます。空所の前を見ると主語はsessionだと分かりますし、次回のsessionの開催は3月15日に予定されているので、(C)のisを空所に入れ、is scheduledとするのが正解です。

語句 □training session 講習会、研修会　□*be* scheduled for 〜 〜に予定されている　□focus on 〜 〜に焦点を合わせる　□boost 〜を伸ばす、増やす　□sales 売上げ

7. (C) ★★★

訳 私の同僚の1人は、来月市内で開かれるマーケティング＆販売セミナーに参加することを勧めた。

解説 動名詞の問題です。suggest（〜を提案する、勧める）は、動名詞を目的語に取る動詞なので、(C)のtakingが正解です。take part in 〜は、participate in 〜と同じで「〜に参加する」の意味の重要熟語です。

語句 □coworker 同僚　□seminar セミナー　□hold 〜を開催する　□downtown 市内で、ビジネス街で

8. (A) ★

訳 お客様は当社の新製品に関する簡単なアンケートに答えることにより、ワシントンD.C.への無料旅行に応募することができます。

解説 助動詞の問題です。助動詞の後ろには必ず動詞の原形が来るわけですから、(A)か(D)のどちらかが答えになるはずだとまず考えます。しかし、主語はCustomers（顧客）ですので、能動態の(A) applyが正解になります。

語句 □customer 客、顧客　□apply for 〜 〜に申し込む、応募する　□all-expense-paid trip 無料旅行　□questionnaire アンケート

9. Program registrants who fail ------- without notice will be liable for the full attendance fee.
   (A) attended
   (B) attending
   (C) to attend
   (D) to attending

   Ⓐ Ⓑ Ⓒ Ⓓ

10. The governor announced today that the construction on the Northfield Bridge will ------- by the end of July.
    (A) complete
    (B) completed
    (C) be completing
    (D) have been completed

    Ⓐ Ⓑ Ⓒ Ⓓ

11. In case you are interested in taking out overseas travel insurance, you might as well ------- your local travel agent.
    (A) contact
    (B) contacted
    (C) contacting
    (D) to contact

    Ⓐ Ⓑ Ⓒ Ⓓ

12. ------- the president's office for the first time, Mr. Gurevich was amazed to see how spacious and luxurious it was.
    (A) Enter
    (B) Entered
    (C) Entering
    (D) To enter

    Ⓐ Ⓑ Ⓒ Ⓓ

9. (C) ★★
訳 無断で欠席するプログラム登録者は、参加費用を全額支払う義務があります。

解説 不定詞の問題です。fail はto不定詞を目的語に取る動詞です。よって、(C)が正解です。fail to do の形で「〜しない、〜しそこなう」の意味を表します。

語句 □registrant 登録者　□attend 〜に出席する　□without notice 無断で、事前通知なしで　□be liable for 〜 〜に責任を持つ　□full 全部の　□attendance fee 参加費用

10. (D) ★★★
訳 知事は本日、ノースフィールド橋の建設は7月末までに完了すると発表した。

解説 時制および受動態の問題です。by the end of July（7月末までに）という副詞句から、選択肢の中から適切なものを選ぶとするならば、この英文は未来のある時点までの動作の完了を表す未来完了形〈will have + 過去分詞〉を用いるのが正しいと分かります。また、that節の中の主語はconstructionであり、動詞のcompleteは他動詞なので、(B)は不適切です。「完了させられる」という受動態となる(D)が正解です。もちろん、will have been completed は、単に will be completed にしても構いません。

語句 □governor 知事　□announce 〜を発表する　□construction 建設、建築　□complete 〜を完了する、仕上げる

11. (A) ★★
訳 もしも海外旅行保険に加入することに興味がおありでしたら、近くの旅行代理店に連絡してみるとよいでしょう。

解説 助動詞の問題です。might [may] as well（〜した方がよさそうだ）は3語で一塊の助動詞と考えます。助動詞であれば、大原則を思い出しましょう。「助動詞の後ろには必ず動詞の原形が来る」というルールでしたね。よって、正解は(A)のcontact（〜に連絡を取る）となります。同様に、had better（〜した方が身のためだ）、ought to（〜すべきである）、have to（〜しなければならない）、used to（以前はよく〜したものだ）などもすべて一塊の助動詞と考え、直後に動詞の原形を置きます。

語句 □in case (that) 〜 もし〜ならば　□take out 〜（保険に）入る　□overseas travel insurance 海外旅行保険　□local 近くの、地元の　□travel agent 旅行代理店

12. (C) ★★★
訳 グレヴィッチ氏は初めて社長室に入った時、それがいかに広く豪華であるかを見て驚いた。

解説 分詞の問題です。Mr. Gurevich 自身が the president's office（社長室）に入っていったわけですから、文意から判断して「時」を表す分詞構文にするのが適切です。(C)のEntering が正解です。文末のit was のit は、the president's office を指します。

語句 □president's office 社長室　□for the first time 初めて　□amazed 驚いた、仰天した　□spacious 広々とした　□luxurious 豪華な

13. If you ------- cancel your reservation within the allotted cancellation period, the hotel will charge your credit card a penalty fee.
    (A) doesn't
    (B) don't
    (C) didn't
    (D) won't

    Ⓐ Ⓑ Ⓒ Ⓓ

14. Star Technologies, Inc. has decided to discontinue ------- lead-based replacement parts for gas compressors.
    (A) produce
    (B) producing
    (C) production
    (D) to produce

    Ⓐ Ⓑ Ⓒ Ⓓ

15. It is requested that all committee members ------- the next monthly meeting starting at 9:30 A.M. on Friday, October 20.
    (A) attend
    (B) attended
    (C) attending
    (D) will attend

    Ⓐ Ⓑ Ⓒ Ⓓ

16. It remains ------- whether the economic stimulus package will make a significant impact on the domestic economy.
    (A) seeing
    (B) seen
    (C) to see
    (D) to be seen

    Ⓐ Ⓑ Ⓒ Ⓓ

動詞の攻略

13. (B) ★★
訳 もしお客様が規定の解約期間中に予約の取り消しをなさらない場合は、当ホテルではお客様のクレジットカードに違約金を請求させて頂きます。

解説 時制の問題です。時や条件を表す副詞節の中では現在時制が未来の意味を表します。この英文ではif節は条件を表しており、空所の直前のyouがこの節の主語ですから、(B)のdon'tが正解となります。

語句 □cancel ～を取り消す　□reservation 予約　□allotted 規定の、決められた　□cancellation period 解約期間　□charge ～を請求する、課する　□penalty fee 違約金

14. (B) ★★★
訳 スター・テクノロジー社は、ガス圧縮機用の鉛入りの交換部品の製造を中止することを決定した。

解説 動名詞の問題です。discontinue（～を中止する、打ち切る）は、動名詞を目的語に取る動詞なので、(B)のproducingが正解です。(C)の名詞productionを使う場合は、その後にofを付けて、discontinue production of lead-based replacement parts ～とすれば問題ありません。

語句 □produce ～を製造する　□lead-based 鉛系の　□replacement part 交換部品　□gas compressor ガス圧縮機

15. (A) ★★★
訳 委員会のメンバーは全員、10月20日（金）の午前9時30分から始まる次の月例会に出席して頂きますようお願いします。

解説 仮定法の問題です。It is requested that ～のように、要求の意味を表す動詞requestが用いられる場合、that節の中の動詞は原形となります（仮定法現在）。よって、正解は(A)です。この英文では分詞形容詞のrequestedとして用いられています。

語句 □request ～を依頼する、要請する　□committee member 委員会のメンバー　□monthly meeting 月例会

16. (D) ★★★
訳 その景気刺激策が国内経済に大きな影響を与えるかどうかは、現時点では分からない。

解説 不定詞の問題です。remainは、remain to be *done*の形で「まだ～されないままだ、まだ～されていない」の意味を表します。文頭のItはwhether以下の節（名詞節）を代表する形式主語です。It remains to be seen whether [if] ～（～かどうかはこれからのことだ、～かどうかはもう少し時間が経たなければ分からない）は重要構文なので、覚えておきましょう。問題文は、Whether the economic stimulus package will make a significant impact on the domestic economy remains to be seen.に書き換え可能です。

語句 □economic stimulus package 景気刺激策　□make an impact on ～ ～に影響を与える　□significant 大きな、重大な　□domestic economy 国内経済

17. All employees should ------- themselves with the new company's health insurance plan.
    (A) familiarize
    (B) familiarized
    (C) familiarizing
    (D) to familiarize

    Ⓐ Ⓑ Ⓒ Ⓓ

18. ------- with our sales performance in the second quarter, we are aiming for even better results in the third quarter.
    (A) Please
    (B) Pleased
    (C) Pleasing
    (D) Pleasure

    Ⓐ Ⓑ Ⓒ Ⓓ

19. One of the important duties that Ms. Garcia is assigned to perform as a secretary to the mayor involves ------- up the minutes of each meeting.
    (A) write
    (B) writing
    (C) written
    (D) to write

    Ⓐ Ⓑ Ⓒ Ⓓ

20. The financial report ------- out with the agenda to all the attendees prior to the general shareholders' meeting.
    (A) hand
    (B) handed
    (C) handing
    (D) was handed

    Ⓐ Ⓑ Ⓒ Ⓓ

17. (A) ★★
訳 全社員が、新しい会社の健康保険制度をよく理解しておくべきです。

解説 助動詞の問題です。助動詞の後ろには必ず動詞の原形が来るわけですから、すぐに(A)のfamiliarizeが正解だと分からなければなりません。familiarize *oneself* with ～は「～をよく理解する、～に慣れる」の意味です。

語句 □employee 従業員、社員　□health insurance plan 健康保険制度

18. (B) ★★★
訳 第二四半期の販売成績に満足しつつも、我々は第三四半期でより素晴らしい業績を目指している。

解説 分詞に関する問題です。コンマ前の副詞節は受け身の動詞を含んでいるので、分詞構文には受動態の分詞〈being + 過去分詞〉を用います。Being pleased with ～（～に満足して）となるわけですが、beingが文頭に来るときは普通省略するので、Pleased withとします。よって、(B)が正解です。

語句 □sales performance 販売成績、営業成績　□quarter 四半期　□aim for ～ ～を目指す、狙う　□results 業績、成果

19. (B) ★★★
訳 市長付き秘書としてガルシアさんが果たすべき重要な任務の１つに、各会議の議事録を詳細にまとめることが含まれている。

解説 動名詞の問題です。involve（～を含む、伴う）は、動名詞を目的語に取る動詞なので、(B) writingが正解です。

語句 □duty 職務、任務　□be assigned to *do* ～する任務を受ける　□perform ～を果たす、執行する　□secretary 秘書　□mayor 市長　□write up ～ ～を詳述する、まとめる　□minutes 議事録

20. (D) ★★
訳 会計報告書が議題と一緒に、株主総会の前に全出席者に配布された。

解説 受動態の問題です。この英文には、述語動詞がなく、さらにThe financial report（会計報告書）は「配布される」ものなので、受動態を用います。hand out ～は「～を配布する」の意味です。これを受動態にした(D)が正解です。

語句 □financial report 会計報告書、財務報告書　□agenda 議題　□attendee 出席者　□prior to ～ ～より前に、～に先立って（= before）　□general shareholders' meeting 株主総会

21. To facilitate continued growth, Johnson Corp. promised ------- 1500 employees throughout the next six months.
    (A) add
    (B) added
    (C) adding
    (D) to add

    Ⓐ Ⓑ Ⓒ Ⓓ

22. If we had had more accurate information on our operating budget last week, we ------- with them more successfully.
    (A) can negotiate
    (B) could have negotiated
    (C) had negotiated
    (D) negotiated

    Ⓐ Ⓑ Ⓒ Ⓓ

23. Mr. Fletcher will definitely promote major restructuring as soon as he ------- the duties and responsibilities of the position of president.
    (A) assumed
    (B) assumes
    (C) assuming
    (D) will assume

    Ⓐ Ⓑ Ⓒ Ⓓ

24. The council is in the process of ------- potential funding opportunities within the city center.
    (A) investigate
    (B) investigates
    (C) investigated
    (D) investigating

    Ⓐ Ⓑ Ⓒ Ⓓ

動詞の攻略

21. (D) ★★
訳 継続的成長を促進するために、ジョンソン社は今後6ヵ月間で1500名の社員を加えることを約束した。

解説 不定詞の問題です。promiseはto不定詞を目的語に取る動詞です。よって、(D)が正解です。promise to doの形で「〜することを約束する」の意味を表します。throughout the next six months（今後6ヵ月の間に）は、in the next six monthsと言い換え可能です。

語句 □facilitate 〜を促進する　□continued growth 継続成長　□add 〜を加える　□throughout 〜を通して、〜にわたって

22. (B) ★★
訳 もし先週我々が運営予算についてより正確な情報を持っていたならば、彼らともっとうまく交渉できただろう。

解説 仮定法の問題です。仮定法過去完了の英文です。よって、選択肢の中で適切なのは、(B)だけです。もっとうまく交渉できたのに（できなかった）という過去の事実に反する仮定の文になるわけです。

語句 □accurate 正確な　□operating budget 運営予算、運用予算　□negotiate 交渉する　□successfully うまく、首尾よく

23. (B) ★★
訳 フレッチャー氏は社長職の義務と責任を負うことになるとすぐに、必ず大規模なリストラを進めるでしょう。

解説 時制の問題です。時や条件を表す副詞節の中では現在時制が未来の意味を表します。この英文では、as soon as 〜（〜するとすぐに）が時を表す副詞節の中で用いられているので、(B) assumesが正解となります。

語句 □definitely きっと、必ず　□promote 〜を推進する、促進する　□major 大規模な　□restructuring リストラ、再構築　□assume 〜を引き受ける、負う　□duty 義務　□responsibility 責任　□position 立場、地位　□president 社長

24. (D) ★★
訳 地方議会は市街地での資金調達が見込める機会を現在、調査中である。

解説 動名詞の問題です。in the process of 〜（〜の過程で、最中で）の前置詞ofの直後には名詞や動名詞が来るため、正解は動名詞の(D) investigatingとなります。

語句 □council 地方議会、委員会　□potential 可能性のある、見込みのある　□funding 資金調達の　□investigate 〜を調査する　□city center 市街地、市の中心部

25. If you ------- $20,000 in a mutual fund 10 years ago, it would be worth at least $50,000 now.
(A) has invested
(B) had invested
(C) invested
(D) was invested

Ⓐ Ⓑ Ⓒ Ⓓ

26. Because Gold Net Corp. offered him a much better deal, Mr. Lee couldn't help ------- an agreement to renew his contract with them.
(A) sign
(B) signed
(C) signing
(D) to sign

Ⓐ Ⓑ Ⓒ Ⓓ

27. Please be advised that the initial down payment needs ------- within 14 days of receipt of the invoice.
(A) be paid
(B) paid
(C) paying
(D) to pay

Ⓐ Ⓑ Ⓒ Ⓓ

28. The package of items you ordered will be shipped out on April 4, and ------- at your doorstep on April 7.
(A) arrive
(B) arrived
(C) arriving
(D) to arrive

Ⓐ Ⓑ Ⓒ Ⓓ

動詞の攻略

25. (B) ★★★
訳 あなたは10年前に2万ドルを投資信託に入れておけば、今頃は少なくとも5万ドルになっていたことでしょう。

解説 仮定法の問題です。コンマ前の条件節には10 years agoが、コンマ後の帰結節にはnowが付いていることに着目します。文意から「もし（過去に）〜したとすれば、（現在は）〜だろう」という英文になることが分かります。このような場合は、条件節には過去完了形、帰結節に過去形を用います。よって、(B)が正解となります。

語句 □invest 〜を投資する、投じる　□mutual fund 投資信託　□worth 〜の価値がある　□at least 少なくとも

26. (C) ★★★
訳 ゴールド・ネット社はさらによい待遇を提示したので、リー氏は契約を更新するための合意書に署名せざるを得なかった。

解説 助動詞の問題です。この英文では、cannot help doing（〜せざるを得ない、〜しないわけにはいかない）が過去形になっています。同じ意味を表す慣用表現のcannot but doとcannot help but do も合わせて覚えておきましょう。

語句 □Corp. 会社、企業（Corporationの略）　□deal 待遇　□sign 〜に署名する　□agreement 合意書、契約書　□renew 〜を更新する　□contract 契約

27. (C) ★★★
訳 最初の頭金は、請求書を受領後14日以内にお支払いをお願いします。

解説 動名詞の問題です。need, require, wantなどの「必要」の意味を持つ動詞の後では、動名詞はそのままで受動的な意味を表します。例：Your dress shirt needs ironing.（あなたのワイシャツはアイロンをかける必要があります）ただし、不定詞を用いるのであれば、Your shirt needs to be ironed.となります。同じく、この問題の場合、空所にはpayingまたはto be paidを入れることが可能です。よって、正解は(C)です。

語句 □Please be advised (that) 〜 〜をお知らせ致します、〜をご承知おき下さい　□initial 最初の　□down payment 頭金　□receipt 受領　□invoice 請求書、納品書

28. (A) ★★
訳 お客様が注文なさいました商品のパックは4月4日に発送され、4月7日にお客様のご自宅に届くことになっております。

解説 時制および自動詞・他動詞の問題です。この英文の主語はThe packageです。それに対して2つの述語動詞が用いられています。前半はwill be shipped outの部分で、受動態になっています。しかし、後半はwill arriveと考え、willを省略した形にすべきです。arriveが自動詞であることにも注意しましょう。よって、正解は(A)となります。

語句 □package パック、小包　□item 商品　□order 〜を注文する　□ship out 〜 〜を発送する　□doorstep 玄関前の階段、玄関先

29. ------- you have any questions or comments, please call our customer service center at 1-800-555-8174.
   (A) As if
   (B) Otherwise
   (C) Should
   (D) Without

   Ⓐ Ⓑ Ⓒ Ⓓ

30. Philips Corporation, an electronics manufacturer, is considering ------- its business overseas, especially in Southeast Asia.
   (A) expand
   (B) expanded
   (C) expanding
   (D) to expand

   Ⓐ Ⓑ Ⓒ Ⓓ

動詞の攻略

29. (C) ★★★
訳 ご質問やご意見などがございましたら、カスタマーサービスセンター（1-800-555-8174）にお電話下さい。

解説 仮定法の問題です。〈If + 主語 + should + 原形不定詞〉は「万一〜ならば」という意味の仮定法で、未来の実現可能性が比較的低い仮定を表します。このIfが省略されると、倒置が生じ、〈Should + 主語 + 原形不定詞〉となるわけです。よって、(C)が正解です。他の選択肢も仮定法でよく用いられる語（句）ですが、(A) As if（まるで〜かのように）、(B) Otherwise（さもなければ）、(D) Without（〜がなければ）はすべて不適切です。アメリカでは、"1-800"および"1-888"で始まる番号はフリーダイヤル（toll-free）です。

語句 □comment 意見　□customer service center 顧客サービスセンター

30. (C) ★★★
訳 電子機器メーカーのフィリップ社は海外、とりわけ東南アジアへの事業拡大を検討している。

解説 動名詞の問題です。consider（〜を検討する、考察する）は、動名詞を目的語に取る動詞なので、(C)のexpandingが正解です。

語句 □electronics manufacturer 電子機器メーカー　□expand 〜を拡大する、展開する　□overseas 海外で（= abroad）　□especially 特に、とりわけ　□Southeast Asia 東南アジア

まる覚え！最重要単語

- **construct** 動 ～を建設する
  * The building is constructed of concrete.
  （その建物はコンクリートでできている）
- **contract** 名 契約　* construction contract（建設契約）
- **definitive** 形 最も信頼のおける
  * definitive information（最も信頼できる情報）
- **delegate** 動 ～を委譲する、委任する
  * delegate responsibilities to other members
  （責任を他のメンバーに委譲する）
- **deliberation** 名 熟考、検討　* after long deliberation（長考の末に）
- **development** 名 開発、進展
  * development of the housing project（住宅開発事業）
- **discarded** 形 捨てられた、廃棄された
  * Many boxes remained discarded.（多くの箱が捨てられていた）
- **dispatch** 動 ～を派遣する
  * dispatch experts overseas（国外へ専門家を派遣する）
- **distribution** 名 流通、配布
  * distribution of medical materials（医療材料の流通）
- **division** 名 部門、部署、課　* domestic sales division（国内営業部）
- **donation** 名 寄付、贈与　* make a donation（寄付をする）
- **effectively** 副 有効に、効果的に
  * utilize resources effectively（資源を有効に使う）
- **enterprise** 名 企業、会社　* major enterprise（大手企業）
- **eventually** 副 遂に、結局は
  * The company eventually went bankrupt.（その会社は遂に倒産した）
- **expense** 名 経費、費用　* reduce expenses（経費を削減する）
- **expire** 動 期限が切れる、満了する
  * The contract will expire at the end of next month.
  （契約は来月末で切れる）
- **fare** 名 運賃　* train fare（鉄道運賃）
- **feature** 動 ～を売り物にする、呼び物にする
  * The exhibit features a variety of Chinese paintings.
  （その展覧会では中国のさまざまな絵画を特集している）
- **fixed** 形 確固たる、固定した
  * He has fixed ideas about manners.
  （彼は礼儀について確固たる考えを持っている）
- **fragile** 形 壊れやすい　* fragile item（壊れ物）
- **generous** 形 寛大な、気前のよい　* generous offer（寛大なオファー）

UNIT 3
品詞問題の攻略

品詞には、基本となる8つ（名詞、代名詞、形容詞、動詞、副詞、前置詞、接続詞、間投詞）の種類があります。ただし、空所にどの品詞が入るかを問うPart 5の「品詞問題」は、名詞、形容詞、動詞、副詞の4つに関するものだけが出題されます。常に、語形、機能、意味に注意して選択肢の語を見るようにしましょう。

Unit 3

基本戦略 ❹ 3つの最重要パターンに注意！

TOEICに頻出する品詞のパターンには、以下の3つがあるので覚えておきましょう。

１ 〈(冠詞)＋形容詞＋名詞〉の型

例１：a ------- candidateであれば、空所には形容詞のqualifiedが入る。
　　　（a qualified candidateは「能力のある応募者」の意味）

例２：beautiful -------であれば、空所には名詞のdecorationsが入る。
　　　（beautiful decorationsは「美しい装飾」の意味）

２ 〈the＋名詞＋of〉の型

例：the ------- of postage stampsであれば、空所には名詞のcollectionが入る。
　　（the collection of postage stampsは「郵便切手の収集」の意味）

３ 〈名詞＋名詞〉の型（最初の名詞は形容詞の働きをする）

例：take out an ------- policyであれば、空所には名詞のinsuranceが入る。
　　（insurance policyとは「保険証券」のこと。よって、take out an insurance policyは「保険に入る」の意味）

基本戦略 ❺ 派生語の問題は、「語尾」だけ覚えておけば正解できる！

派生語を中心にした品詞問題は非常によく出題されます。品詞問題の選択肢はどのようなものか、まず2つの例を見て下さい。

例１：Be sure to use ------- when handling these chemicals.
　　　(A) cautious　(B) cautiously　(C) caution　(D) cautioning

「動詞（の原形）useの後には名詞が来る」と判断し、選択肢の語尾が名詞である(C) caution（注意、用心）を選びます。(D)の動名詞も名詞の働きをしますが、まずは動名詞よりも名詞を優先させるのがルールです。（日本語訳：「これらの化学薬品の取り扱いにはくれぐれも注意して下さい」）

例２：Please give your ------- attention to this matter.
　　　(A) prompt　(B) prompted　(C) promptly　(D) promptness

「名詞attentionの前には形容詞が来る」と考え、選択肢の語尾から(A) prompt（早急な、迅速な）が形容詞と判断します。（日本語訳：「本件への早急な対応をよろしくお願い致します」）

　4つの選択肢の違いは語尾だけです。少々語彙数に自信がない人でも、①空所に入るのがどの品詞なのかを判断でき、②語尾から品詞を見分けることができれば、選択肢の意味が分からない時でも正解を選ぶことができるのです。形容詞、副詞、名詞、動詞の代表的な語尾（接尾辞）と働きを、しっかり覚えておきましょう。

①形容詞を表す語尾　＊形容詞は名詞・代名詞を修飾します。

-ful	careful, skillful	**-less**	careless, useless
-able/-ble	capable, responsible	**-al**	financial, universal
-ic	economic, scientific	**-ive**	expensive, positive
-ous	dangerous, numerous	**-ary**	primary, reactionary
-ish	foolish, selfish	**-ant**	pleasant, important

②副詞を表す語尾　＊副詞は主に動詞・形容詞・他の副詞を修飾します。

-ly	apparently, carefully, clearly, slowly, variously

＊ただし、〈名詞＋ly〉＝形容詞です。
　例：**costly**（高価な）／**friendly**（気さくな）／**lovely**（可愛い）

③名詞を表す語尾　＊名詞は可算名詞と不可算名詞に分けられます。

-sion/-tion	admission, reservation	**-ity/-ty**	humidity, safety
-ment	development, improvement	**-ness**	kindness, loudness
-ance/-ence	reliance, convenience	**-cy**	accuracy, efficiency
-ship	relationship, partnership	**-ism**	criticism, socialism

④動詞を表す語尾　＊動詞には自動詞と他動詞があります。

-ate	activate, demonstrate	**-en**	shorten, widen
-ify	modify, satisfy	**-ize**	familiarize, socialize

練習問題 Start!

1. Ms. Lewis, the personnel director, requested further information on the candidate before she made her final -------.
   (A) decides
   (B) deciding
   (C) decision
   (D) decisive

2. We would like to thank you for being so ------- and supportive of our new business venture.
   (A) understand
   (B) understandable
   (C) understanding
   (D) understood

3. We reserve the ------- to refuse alcohol service to anyone without proper identification to verify age.
   (A) right
   (B) rightful
   (C) rightly
   (D) rightfully

4. If the new project becomes much more complex than anticipated, it might require hiring ------- help.
   (A) adding
   (B) addition
   (C) additional
   (D) additionally

品詞問題の攻略

正解・解説

1. (C) ★

訳 人事部長のルイス氏は最終決定を行なう前に、志願者に関するさらなる情報を求めた。
(A) 動 ～を決定する　(B) 形 決定的な　(C) 名 決定　(D) 形 決定的な、決断力のある

解説 make a decision（決定する、決心する）を覚えていれば、1秒で解ける問題です。before she made her final decisionであれば、「彼女が最終的な決断を下す前に」の意味になりますね。よって、(C)が正解です。

語句 □personnel director 人事部長　□further さらなる　□candidate 志願者

2. (C) ★★★

訳 皆様には弊社の新事業にご理解とご支援を戴き、感謝申し上げます。
(A) 動 ～を理解する　(B) 形 理解できる、当然の　(C) 形 理解のある、物わかりのよい
(D) 動 understandの過去・過去分詞形

解説 soの直後の空所と、空所の後のsupportive ofを見るだけで、形容詞が2つ並列されるべきだということが分かります。となると、正解は(B)か(C)かということになりますが、(B)のunderstandableは「理解できる、当然の」の意味で文意にそぐいません。(C)のunderstanding（理解のある、物わかりのよい）が正解です。

語句 □supportive of ～ ～を支援して　□business venture 新規事業、投機的事業

3. (A) ★

訳 当店は、年齢を確認できるしかるべき身分証明書がない場合には、お客様へのアルコール飲料サービスをお断りする権利を保持します。
(A) 名 権利　(B) 形 正当な　(C) 副 正しく　(D) 副 正当に

解説 空所の前に冠詞のthe、後にはto不定詞（to refuse）があるため、空所には名詞が入ることが分かります。よって、正解は(A)のright（権利）です。the right to refuse alcohol serviceで「アルコール飲料サービスをお断りする権利」の意味になります。

語句 □reserve ～を留保する、有する　□refuse ～を断る　□alcohol アルコール飲料　□proper きちんとした　□identification 身分証明書　□verify ～を確認する

4. (C) ★★

訳 もし新しいプロジェクトが予想よりもはるかに複雑なものになるようなら、追加の人手を雇う必要があるかもしれない。
(A) 名 addの動名詞：追加、加算　(B) 名 追加　(C) 形 追加の　(D) 副 さらに、加えて

解説 空所の前にhiring（hireの動名詞）が、後に名詞のhelp（援助）が来ていることから、空所には形容詞の(C)additional（追加の、さらなる）を入れて、additional help（追加援助、追加支援）とします。

語句 □complex 複雑な　□than anticipated 予想よりも　□require ～を必要とする　□hire ～を雇用する

5. Mr. Morgan feels that he was ------- responsible for the operational error of the ultrasonic measurement system.
   (A) person
   (B) personal
   (C) personality
   (D) personally

   Ⓐ Ⓑ Ⓒ Ⓓ

6. An increasing number of countries will depend ------- on nuclear, hydroelectric, or renewable energy.
   (A) heavier
   (B) heavily
   (C) heaviness
   (D) heavy

   Ⓐ Ⓑ Ⓒ Ⓓ

7. Some of these guidelines require periodical ------- in light of the changing work conditions.
   (A) reviewed
   (B) reviewer
   (C) reviewers
   (D) review

   Ⓐ Ⓑ Ⓒ Ⓓ

8. Due to the recent global economic turmoil, fluctuation in the U.S. stock market is not ------- at all.
   (A) predictable
   (B) predictably
   (C) predicting
   (D) prediction

   Ⓐ Ⓑ Ⓒ Ⓓ

品詞問題の攻略

5. (D) ⭐⭐
訳 モーガン氏は、超音波計測システムの誤操作に対して自らに責任があったと感じている。
(A) 名 人、個人　(B) 形 個人の　(C) 名 人格、人柄　(D) 副 個人的に
解説 空所の直後にresponsible（責任がある）という形容詞があります。形容詞を修飾するのは、副詞の(D) personally（個人的に、自ら）です。
語句 □be responsible for ～ ～に対して責任がある　□operational 操作上の　□error 誤り、ミス　□ultrasonic measurement system 超音波計測システム

6. (B) ⭐⭐
訳 これからますます多くの国が原子力エネルギー、水力発電エネルギー、あるいは再生可能エネルギーに大きく頼ることだろう。
(A) 形 heavyの比較級　(B) 副 非常に　(C) 名 重さ、負担　(D) 形 重い、深刻な
解説 depend on ～（～に頼る、依存する）の間に入れることのできる品詞は、副詞の(B) heavily（非常に、大きく）のみです。
語句 □an increasing number of ～ ますます多くの　□nuclear 原子力の、核の　□hydroelectric 水力発電の　□renewable 再生可能な

7. (D) ⭐⭐⭐
訳 これらのガイドラインのいくつかは、変化する労働条件を考慮して、定期的な見直しが必要だ。
(A) 動 ～を見直した　(B) 名 評者、校閲者　(C) 名 reviewerの複数形：評者　(D) 名 見直し
解説 空所の前にrequire periodicalがあります。動詞requireの目的語が、periodical -------の部分ですから、空所には名詞が来ることが分かります。(B)～(D)の名詞のうち、文意に合うのは(D)のreview（見直し）です。
語句 □guideline ガイドライン、指針　□periodical 定期的な　□in light of ～ ～を考慮して、～に照らして　□changing 変化する　□work condition 労働条件、労働環境

8. (A) ⭐⭐
訳 最近の世界的な経済危機により、米国の株式市場の変動はまったく予想できない状態である。
(A) 形 予想可能な　(B) 副 予想通りに　(C) 動 ～を予測している　(D) 名 予測、予想
解説 アメリカのstock market（株式市場）のfluctuation（変動）がどうなのかを考えて、空所に適切な形容詞を入れます。よって、正解は(A)のpredictable（予想可能な）となります。(C)のpredictingは、主語がfluctuation（つまり「人」ではありません）で、他動詞のpredictingの目的語も後にないことから、誤答と判断します。
語句 □due to ～ ～が原因で、～のせいで　□global 世界的な、地球規模の　□economic turmoil 経済危機、経済的混乱　□not ～ at all まったく～ない

9. Dalla International Corp., founded in 1924, is a ------- Italian shipping company with a long history.
   (A) distinguish
   (B) distinguishable
   (C) distinguishability
   (D) distinguished

   Ⓐ Ⓑ Ⓒ Ⓓ

10. Please return your seats to an upright position and make sure your seatbelts are ------- fastened.
    (A) secure
    (B) secured
    (C) securely
    (D) security

    Ⓐ Ⓑ Ⓒ Ⓓ

11. The products of Pensacola Co. are generally superior in quality and nice-looking, but not ------- in price.
    (A) compete
    (B) competition
    (C) competitor
    (D) competitive

    Ⓐ Ⓑ Ⓒ Ⓓ

12. All ------- to the plant are instructed to wear protective gloves and goggles that are required for workers as well.
    (A) visit
    (B) visitation
    (C) visiting
    (D) visitors

    Ⓐ Ⓑ Ⓒ Ⓓ

品詞問題の攻略

9. (D) ★★★
訳 ダラ・インターナショナル社は、1924年に設立された、長い歴史を持つイタリアの一流輸送会社である。
(A) 動 〜を識別する　(B) 形 区別できる　(C) 名 区別性　(D) 形 一流の

解説 空所の後のItalian shipping company（イタリアの輸送会社）を修飾する語を、空所に入れるべきです。選択肢のうち、形容詞は2つありますが、(B)のdistinguishableは「区別できる、認識しやすい」、(D)のdistinguishedは「一流の、著名な」の意味です。意味上適切なのは(D)です。distinguished guest（賓客）も覚えておきましょう。

語句 □found 〜を設立する、創設する　□with a long history 長い歴史を持つ

10. (C) ★★
訳 座席を真っすぐに戻し、シートベルトがしっかりと固定されていることを確認して下さい。
(A) 形 安全な　(B) 形 担保付きの　(C) 副 安全に、しっかりと　(D) 名 安全、無事

解説 seatbeltsがどのように固定されればよいのか、つまりareとfastenedから成る受動態の部分（動詞）を修飾する品詞は何かと考えれば、副詞の(C) securely（しっかりと）が正解だと分かります。

語句 □upright 真っすぐな　□make sure (that) 〜 〜であることを確認する　□fasten 〜を固定する

11. (D) ★★★
訳 ペンサコーラ社の製品は一般的に品質が優れており、見栄えが良いが、価格面では競争力に乏しい。
(A) 動 競争する　(B) 名 競争　(C) 名 競合企業、競合他社　(D) 形 競争力のある

解説 ペンサコーラ社の製品について、superiorとnice-lookingという形容詞が続いているので、空所にも形容詞を入れればよいことが分かります。よって、(D)のcompetitive（競争力のある、他に負けない）が正解です。

語句 □Co. 会社（Companyの略）　□generally 一般的に　□superior 上等の、上質の　□in quality 品質面で　□nice-looking 見栄えが良い、格好いい　□in price 価格面で

12. (D) ★
訳 その工場の見学者は全員、そこの労働者が義務付けられているのと同様に防護手袋および防護メガネの着用を指示されています。
(A) 動 〜を訪問する　(B) 名 訪問、視察　(C) 形 訪問の、視察する　(D) 名 見学者、来場者

解説 All ------- to the plantが主部ですので、空所には名詞のvisitors（見学者）を入れて「工場を見学する人は皆」という意味にするのが適切です。

語句 □plant 工場　□instruct（人に）〜するよう指示する　□protective gloves 防護手袋　□goggles メガネ、ゴーグル　□require 〜を要求する　□as well 同様に

13. An excellent speaker is aware that a ------- speech should be audible, logical, and contain sound and stimulating ideas.
    (A) persuadable
    (B) persuaded
    (C) persuasion
    (D) persuasive

14. It was with great ------- that Benesis Corp. posted heavy losses in the second quarter, following the first-quarter deficit.
    (A) disappoint
    (B) disappointed
    (C) disappointing
    (D) disappointment

15. It was very ------- of Alex to allow me to drive his car when mine suddenly broke down last week.
    (A) considerable
    (B) considerate
    (C) consideration
    (D) considering

16. Numerous ------- have been received about unauthorized parking in front of Mindy's Restaurant on Lake Avenue.
    (A) complain
    (B) complainer
    (C) complaining
    (D) complaints

品詞問題の攻略

13. (D) ★★
訳 優れた演説者は、説得力のあるスピーチというのはよく聞き取れ論理的であり、かつ堅実で刺激的な考えを盛り込むべきものであることを知っている。
(A) 形 説得できる　(B) 動 persuade（〜を説得する）の過去・過去分詞形　(C) 名 説得
(D) 形 説得力のある

解説 空所の前に冠詞のaが、後に名詞のspeechがあるので、空所には形容詞を入れるべきだと分かります。(A)のpersuadableはpersuadable voters（説得可能な有権者）のように用い、speechを修飾する形容詞ではありません。(D)のpersuasiveが正解です。

語句 □excellent 優れた　□aware（〜を）知っている　□audible 聞き取れ　□logical 論理的な　□contain 〜を含む　□sound 堅実な、妥当な　□stimulating 刺激的な

14. (D) ★★
訳 誠に残念ながら、ベネシス社は第一四半期の赤字に引き続き、第二四半期も多額の損失を計上した。
(A) 動 〜を失望させる　(B) 形 失望した　(C) 形 失望させる、不本意な　(D) 名 失望

解説 前置詞withの後には名詞が来るはずなので、greatの直後の空所には名詞のdisappointment（失望）を入れます。〈前置詞 + 抽象名詞〉は形容詞や副詞の役割をします。of great importance（= greatly important）「とても重要な」、of no value（= valueless）「価値がない」、with ease（= easily）「簡単に」なども同じ用法です。

語句 □post 〜を計上する、示す　□loss 損失　□quarter 四半期　□deficit 赤字

15. (B) ★★★
訳 先週私の車が突然故障した時、とても親切なことにアレックスは彼の車を私に運転させてくれた。
(A) 形 かなりの　(B) 形 優しい　(C) 名 考慮、思いやり　(D) 前 〜を考えると

解説 〈It is [was] + 人を評価する形容詞（kind, nice, thoughtful, wiseなど）+ of + 人 + to不定詞〉の構文になっています。それが分かった上で、適切な形容詞を選ぶと(B) considerate（思いやりのある）が正解と分かります。反意語はinconsiderate（思いやりのない）です。mineはmy carのことです。

語句 □suddenly 突然に、いきなり　□break down 故障する、エンコする

16. (D) ★★
訳 レイク通りのミンディーズ・レストラン前の無断駐車に対して、苦情が殺到している。
(A) 動 苦情を言う　(B) 名 不平を言う人　(C) 名 泣き言、文句　(D) 名 complaintの複数形：苦情

解説 空所の前に形容詞のnumerous（多数の）が、後に助動詞のhaveがあるので、空所には複数名詞を入れるのが適切です。よって、(D)のcomplaints（苦情）が正解です。

語句 □numerous 多くの　□unauthorized 無断の、無許可の　□parking 駐車　□in front of 〜 〜の前に　□avenue 通り

17. The textile company has recorded ------- rapid sales growth since a new advertising campaign was launched earlier this year.
    (A) remark
    (B) remarkable
    (C) remarkably
    (D) remarked

18. There is ------- too much traffic coming through on the 405 freeway, particularly during rush hours.
    (A) simple
    (B) simplicity
    (C) simplify
    (D) simply

19. In order to work overseas successfully, it is important for us to break down the ------- barrier as well as the language barrier.
    (A) cultural
    (B) culturally
    (C) culture
    (D) cultured

20. Upon completion of the project, you must submit your evaluation report ------- to your project officer, Mr. John Benedict.
    (A) direction
    (B) directive
    (C) directly
    (D) directory

品詞問題の攻略

17. (C) ★★
訳 今年に入って新しい広告キャンペーンを開始して以来、その繊維会社は売上高の著しい急成長を記録している。
(A) 名 所見、発言 動 ～と述べる　(B) 副 顕著な、注目すべき　(C) 副 著しく、非常に
(D) 動 ～と述べた

解説 空所の後には、名詞句のrapid sales growthがあります。よって、空所には形容詞のrapidを修飾する副詞を入れればよいことが分かりますので、(C)のremarkably（著しく、非常に）が正解となります。

語句 □textile company 繊維会社　□record ～を記録する　□rapid 急速な　□sales growth 売上成長　□advertising campaign 広告キャンペーン　□launch ～を開始する

18. (D) ★★
訳 特にラッシュ時は、高速道路405号線を行き来する車の交通量は本当に多すぎる。
(A) 形 簡単な、単一の　(B) 名 単純さ、平易さ　(C) 動 ～を簡素化する、単純化する
(D) 副 全く、本当に

解説 空所の後のtoo much traffic ～のtoo muchの部分を強調する語は、副詞の(D) simplyで、「非常に、全く、本当に」の意味を表します。

語句 □traffic 交通（量）、往来　□come through 通り過ぎる　□freeway 高速道路　□particularly 特に　□rush hours ラッシュ時

19. (A) ★★
訳 海外でうまく働くためには、私たちは言語の壁だけでなく文化の壁も打破することが大切です。
(A) 形 文化の、文化的な　(B) 副 文化的に　(C) 名 文化　(D) 形 教養のある、知的な

解説 the language barrier（言語の壁）のみならず、どんな障壁を打破することが大切かを考えると、the cultural barrier（文化的障壁）が文意上適切であることが分かります。

語句 □work overseas 海外で働く（= work abroad）　□break down ～を打破する、打ち破る　□A as well as B BだけでなくAも

20. (C) ★★
訳 プロジェクトが終了次第、あなたはプロジェクト責任者のジョン・ベネディクト氏に直接、評価報告書を提出しなければなりません。
(A) 名 指示、命令　(B) 形 指示的な 名 指令　(C) 副 直接に、直接的に　(D) 名 人名簿、指導書

解説 evaluation report（評価報告書）の提出を求められています。どこに提出するのかは、空所の直後のto以下に書かれているので、空所には副詞の(C) directly（直接に）が入ります。反意語のindirectly（間接に、間接的に）も覚えておきましょう。

語句 □upon completion of ～ ～が完成次第（= on completion of ～）　□submit ～を提出する　□evaluation report 評価報告書　□project officer プロジェクト責任者

21. The excellent weather and the beautiful ocean make the resort a ------- location for shooting films.
    (A) desirable
    (B) desirably
    (C) desire
    (D) desirous

22. The Board of Directors meets ------- on the third Friday of each month and convenes an annual general meeting at the end of September.
    (A) regular
    (B) regularity
    (C) regularly
    (D) regulate

23. There is a high chance that the shipping of your order will be delayed largely due to ------- demand.
    (A) season
    (B) seasonal
    (C) seasoned
    (D) seasoning

24. The medium-sized construction firm needs to devote more time and ------- to training its high-skilled workers.
    (A) resource
    (B) resources
    (C) resourced
    (D) resourceful

品詞問題の攻略

21. (A) ★★
訳 素晴らしい天候と美しい海が、そのリゾート地を映画撮影にもってこいのロケ地としている。
(A) 形 望ましい　(B) 副 願わくは　(C) 動 〜を強く望む 名 欲望　(D) 形 (〜を) 望んでいる
解説 空所の前に冠詞のaが、後に名詞のlocation（ロケ地）があるので、空所には形容詞を入れるべきです。(A)のdesirableは「望ましい」の意味で、これを入れると意味上適切です。(D)のdesirousは「(〜を) 望んでいる」の意味で、人が主語になります。
語句 □excellent 素晴らしい　□location ロケ地、場所　□shoot 〜を撮影する　□film 映画

22. (C) ★
訳 取締役会は毎月の第3金曜日に定期的にミーティングを開き、9月末には年次総会を開催している。
(A) 形 定期的な　(B) 名 規則性、秩序　(C) 副 定期的に　(D) 動 〜を規制する、制御する
解説 空所には直前の動詞meetsを修飾する品詞が来るべきですから、副詞の(C) regularly（定期的に）を入れるのが正解です。
語句 □board of directors 取締役会、重役会　□convene 〜を開催する　□annual 年に1度の　□general meeting 総会

23. (B) ★★★
訳 主に季節的需要のため、お客様のご注文品の発送が遅れる可能性が高くなっています。
(A) 名 季節 動 〜に味付けする　(B) 形 季節的な　(C) 形 経験豊かな　(D) 名 調味料
解説 群前置詞due to 〜（〜が原因で）の後には、名詞（相当語句）（P.127の 4 を参照）が来ると考えます。名詞のdemand（需要）の前には形容詞が来ますから、空所には(B)か(C)のいずれかが入るはずです。(B)のseasonalは「季節的な、季節の」、(C)のseasonedは「経験豊かな、味をつけた」の意味なので、正解は(B)と判断します。
語句 □shipping 発送　□delay 〜を遅らせる　□largely 主として　□due to 〜 〜が原因で　□demand 需要

24. (B) ★★★
訳 その中堅建設会社は、高度熟練労働者を養成することにもっと時間と資金をかける必要がある。
(A) 動 〜に資金を与える　(B) 名 resourceの複数形：資金、財源、資源　(C) 形 財政援助を受けた　(D) 形 機転の利く
解説 devote（〜を充てる、注ぎ込む）の後には、名詞句があります。more time and -------の部分です。「より多くの時間と何か」を考えればよいわけですね。よって、空所には名詞resourceの複数形resources（資金）を入れるのが正解です。(A)のresourceを名詞と考えたとしても、moreがあるため単数形のままでは誤りです。
語句 □medium-sized 中規模の　□construction firm 建設会社　□devote A to B AをBに投入する　□train 〜を養成する　□high-skilled 高度な技能を持つ

25. There was undeniable ------- of negligence or misconduct on the part of the car maker.
    (A) evidence
    (B) evident
    (C) evidential
    (D) evidently

26. Effective ------- skills are thought to be an integral key to business success.
    (A) communicate
    (B) communicated
    (C) communication
    (D) communicator

27. Researchers at Chicago University have discovered an ------- connection between coffee consumption and Parkinson's disease.
    (A) amaze
    (B) amazement
    (C) amazing
    (D) amazingly

28. As for our company, all decisions of the personnel committee are subject to management board -------.
    (A) approval
    (B) approve
    (C) approving
    (D) approvingly

品詞問題の攻略

25. (A) ★★
訳 その自動車メーカーの側に、過失または違法行為の紛れもない証拠があった。
(A) 名 証拠　(B) 形 明白な、明らかな　(C) 形 証拠の　(D) 副 明らかに、確かに

解説 空所の前に形容詞のundeniableが、後に前置詞のofがあるので、空所には名詞が入るはずです。よって、正解は(A)のevidence（証拠）となります。

語句 □undeniable 紛れもない、否定できない　□negligence 過失、怠慢　□misconduct 違法行為、不祥事　□on the part of ~ ~の側で、~の方の　□car maker 自動車メーカー

26. (C) ★
訳 効果的なコミュニケーション能力は、ビジネスの成功への重要な鍵と考えられている。
(A) 動 連絡する、交信する　(B) 動 communicateの過去・過去分詞形　(C) 名 コミュニケーション、伝達　(D) 名 コミュニケーター、伝達者

解説 「コミュニケーション能力」は、communication skillsと覚えておきましょう。このように名詞が2つ並ぶと最初の名詞が形容詞の働きをし、次の名詞を修飾するようになります。flower garden（花園）が非常に分かりやすい例です。negotiation skills（交渉術、交渉能力）やmanagement skills（経営能力、管理技術）も同じ用例ですね。

語句 □effective 効果的な　□skill 技術　□integral 不可欠の　□key 鍵、秘訣

27. (C) ★★
訳 シカゴ大学の研究者たちは、コーヒー消費量とパーキンソン病との驚くべき関連性を発見した。
(A) 動 ~をびっくりさせる　(B) 名 驚き、仰天　(C) 形 驚くべき　(D) 副 驚くばかりに

解説 空所の前には冠詞のanが、後には名詞のconnection（関連性、関係）があります。空所には形容詞を入れればよいので、正解は(C)のamazing（驚くべき）となります。聖歌229番にも*Amazing Grace*『驚くばかりの』という有名な歌がありますよね。

語句 □researcher 研究者　□discover ~を発見する　□consumption 消費、消費量　□Parkinson's disease パーキンソン病

28. (A) ★★★
訳 弊社については、人事委員会のすべての決定が取締役会の承認を得ることを条件としている。
(A) 名 承認、認可　(B) 動 ~を承認する、認可する　(C) 形 賛成の、満足そうな
(D) 副 賛成して、満足げに

解説 are subject to ~は「~を条件としている」の意味で、toの後には名詞が来ます。よって、management board（取締役会）の後の空所には、名詞の(A) approval（承認）を入れ、management board approval（取締役会の承認）とします。

語句 □as for ~ ~に関しては　□personnel committee 人事委員会　□*be* subject to ~ ~に従って、~を条件として　□management board 取締役会、重役会

Unit 3

29. In addition, ------- must have at least three years of managerial-level work experience.
    (A) appliances
    (B) applicants
    (C) applications
    (D) applicators

    Ⓐ Ⓑ Ⓒ Ⓓ

30. The international nonprofit organization has sought to achieve its vision of a ------- and peaceful global community.
    (A) prosper
    (B) prosperity
    (C) prosperous
    (D) prosperously

    Ⓐ Ⓑ Ⓒ Ⓓ

29. (B) ★★
訳 さらに、応募者は管理職としての最低3年の実務経験を有する者に限ります。
(A) 名（家庭用）器具　(B) 名応募者、申込者　(C) 名申込書、適用　(D) 名塗布用器具

解説 品詞問題の中には、この問題のように選択肢すべてが派生語になっているわけではなく、スペルの非常に似通っているものが混ざっている場合もあります。つまり、語彙の問題でもあるわけですね。さて、(A)〜(D)まで全部が、名詞の複数形です。となると、全部が主語になり得るわけですが、文意を考えるとapplicants（応募者）のみが「人」なので、(B)が正解となります。

語句 □in addition その上、加えて　□at least 少なくとも　□managerial-level 管理職の
□work experience 実務経験、職歴

30. (C) ★★★
訳 その非営利団体は豊かで平和な国際社会というビジョンを達成しようと努めてきた。
(A) 動繁栄する、成功する　(B) 名繁栄、成功　(C) 形繁栄している、豊かな
(D) 副繁栄して、成功して

解説 vision of 〜は「〜というビジョン」の意味で、このofは「同格」を表します。of以下のa ------- and peaceful global communityの部分をよく見て下さい。空所と、その後のpeacefulがandで結ばれ、2つの形容詞が並列していることが分かります。正解は(C)のprosperous（繁栄した、豊かな）です。

語句 □nonprofit organization 非営利団体（= NPO）　□seek 〜しようとする（seek-sought-sought）　□achieve 〜を達成する　□vision 構想、ビジョン　□peaceful 平和な
□global community 国際社会

まる覚え！最重要単語

- **highly** 副 大いに、非常に
  * The restaurant is highly recommended.（そのレストランはイチオシです）
- **impressive** 形 印象的な、見事な * impressive record（目覚ましい業績）
- **individualism** 形 個人主義
  * in contrast to individualism（個人主義とは対照的に）
- **industrious** 形 勤勉な、熱心な * industrious worker（勤勉な労働者）
- **informative** 形 役に立つ、有益な
  * informative article（参考になる記事）
- **initial** 形 初期の、最初の * initial payment（頭金）
- **innovative** 形 革新的な、画期的な
  * innovative marketing strategies（革新的な販売戦略）
- **intelligence** 名 情報
  * various forms of intelligence（さまざまな形の情報）
- **intensive** 形 集中的な、徹底的な
  * two-day intensive seminar（2日間集中セミナー）
- **labor** 動 労働する、骨折る * labor through the day（1日中働く）
- **lucrative** 形 儲かる、有利な * lucrative job（金になる仕事）
- **market** 動 〜を市場に出す、販売する
  * The company will market its new product soon.
  （その会社は間もなく新製品を売り出します）
- **means** 名 手段、方法
  * Bicycles are still a popular means of transportation to this day.
  （自転車は今日でもなお人気のある交通手段である）
- **minimize** 動 〜を最小限にする
  * minimize production costs（製造費を最小限に抑える）
- **nearly** 副 ほとんど、大体 * nearly half of all sales（全販売数のほぼ半分）
- **nomination** 名 指名、推薦 * win the nomination（指名を勝ち取る）
- **objective** 名 目標、目的
  * establish a clear objective（はっきりした目標を設定する）
- **occasional** 形 時折の
  * make occasional trips to New York（ニューヨークに時々出かける）
- **opposition** 名 野党、反対 * opposition party（野党）
- **outing** 名 遠足、外出 * get ready for an outing（遠足の支度をする）
- **overhead** 形 間接費の、諸経費の * overhead expenses（間接費）
- **overwhelm** 動 〜を圧倒する
  * overwhelm competitors（競合他社を圧倒する）
- **participation** 名 参加、加入 * participation in management（経営参加）

UNIT 4
語彙問題の攻略②

Unit 1に引き続き、語彙問題の練習をしましょう。ここではUnit 1よりも少し難しいものを扱います。TOEIC語彙力の底上げに効果的な学習方法を紹介しますので、ぜひ実践してみて下さい。

Unit 4

基本戦略 ⑥ 短時間・速効！これが語彙習得の4つの王道だ！

　皆さんもすでにご存知の通り、語彙数を増やすのに最も効果的なのは多読・多聴です。英語の膨大なインプットにより自然と単語・熟語を習得していくこの学習法が語彙力アップには最も理想的です。しかし、すぐにTOEICスコアを上げたい人、なかなか学習時間を確保できない人には、この学習法は向いてません。そこで、すぐに効果を出したい人に以下4つの学習法を伝授したいと思います。

1 単語帳を使って頻度の高い語彙から覚える

　単語帳を利用する場合は、必ず例文の付いているものを使って下さい。TOEIC関連の単語集はたくさん出版されていますが、実際のTOEICに出る例文が最も豊富に収録されているものを利用しましょう。単語帳は以下の学習方法をお勧めします。

- 単語の発音とアクセントは必ず正確に覚えましょう。
- 単語・熟語は短いフレーズ、例文の中で覚えます。まずはテキストを見ながら何度も音読します。
- 次にCDを使って、フレーズや例文をリピーティング。さらに、シャドーイング（聞こえてくる音をすぐ後から追いかけて、同じように発音し真似する）をしてみるとより効果的です。

【推薦図書】『TOEIC® TEST究極単語Basic 2200』『TOEIC® TEST究極単語Advanced 2700』（語研刊、CD別売）

2 基本的な接頭辞・語根・接尾辞をマスターする

　多くの単語は語根（root）を中心にして、その手足とでも言うべき接頭辞（prefix）や接尾辞（suffix）から成り立っています。これらはちょうど漢字の偏（へん）と旁（つくり）のようなものです。よって、接頭辞、語根、接尾辞を理解することによって、未知の単語の意味も推測できるようになるのです。

例1：anti-（ant-）は「反対の」を意味する接頭辞。よって、**antisocial**は［anti + social（社会の）］で「反社会的な」の意味を表す。同様に、**antarctic**は［ant + arctic（北極の）］で「南極の」の意味を表す。

例2：-logyは「…学」を意味する接尾辞。よって、**biology**は［bio（生命）＋logy］で「生物学」の意味を表す。同様に、**geology**は［geo（地球、土地）＋logy］で「地学」の意味を表す。

3 関連語彙はジャンル別にまとめて丸覚えする
同じジャンルのものはできるだけネットワークでつなげていって、1度にたくさんの語をまとめて覚えるようにしましょう。

例：IT関連の単語をまとめて覚えたい場合
boot up, byte, click, compatibility, configuration, customize, download, format, hacker, install, paste, provider, save, search, search engine, server, thermal paper, transformation, trash…等々、同じジャンルの語をどんどん欲張って覚えていきます。

4 派生語・同語源の語をまとめてマスターする
スペル、発音、意味の違いを確認しながら、覚えていくようにします。

例1：動詞だけでなく、その名詞形、形容詞形、副詞形…なども一緒に覚える
repeat, repetition, repeated, repetitious, repeatedly／succeed, success, succession, successful, successive, succeeding, successfully, successively

例2：同語源の語はできるだけ短い例文の中で覚える
credible, creditable, credulous／imaginable, imaginal, imaginary, imaginative／respectable, respected, respectful, respective

  ***His claim is credible.**（彼の主張は信用できる）、**Her idea was imaginative.**（彼女のアイデアは創意に富んでいた）、**You should be more respectful to the elderly.**（あなたは高齢者にもっと敬意を払うべきです）のように短文で覚えてしまいましょう。

練習問題 **Start!**

1. Henry Bowen is expected to fill the role of interim executive director until the end of the ------- year.
   (A) annual
   (B) fiscal
   (C) usual
   (D) virtual

   Ⓐ Ⓑ Ⓒ Ⓓ

2. Before you charge the rechargeable battery, please read all safety ------- described in the instruction manual.
   (A) assets
   (B) initiatives
   (C) precautions
   (D) statistics

   Ⓐ Ⓑ Ⓒ Ⓓ

3. This booklet is specially ------- for first-time buyers of permanent life insurance.
   (A) announced
   (B) based
   (C) intended
   (D) operated

   Ⓐ Ⓑ Ⓒ Ⓓ

4. The market survey ------- that the market for cellular phones in that country will reach $12 billion by the end of the year.
   (A) revealed
   (B) revised
   (C) revoked
   (D) revolved

   Ⓐ Ⓑ Ⓒ Ⓓ

語彙問題の攻略②

正解・解説

1. (B) ★★★

訳 ヘンリー・ボーウェン氏は、今会計年度いっぱい暫定の常務取締役の任を務めることになっている。
(A) 形 年1回の　(B) 形 会計の　(C) 形 通常の　(D) 形 事実上の、仮想の
解説 (B)の fiscal（会計の、財務の）を用いて、the fiscal year（会計年度）とします。よって、until the end of the fiscal year は「今会計年度いっぱい」くらいの意味です。
語句 □fill the role 任を果たす　□interim 暫定の　□executive director 常務取締役

2. (C) ★★★

訳 その充電式バッテリーを充電する前に、取扱説明書に記載されているすべての安全注意事項をお読み下さい。
(A) 名 資産、財産　(B) 名 主導権　(C) 名 予防措置　(D) 名 統計（学）
解説 文意から判断して、取扱説明書に載っている safety precautions（安全注意事項）を読むことを指示されていると考えるのが適切です。Please observe safety precautions fully.（安全上の注意を必ずお守り下さい）のような英文で覚えておくと便利です。
語句 □charge 〜を充電する　□rechargeable battery 充電式バッテリー
□describe 〜を記載する　□instruction manual 取扱説明書

3. (C) ★★

訳 この小冊子は、終身生命保険の新規購入者を特に対象としたものです。
(A) 動 発表される　(B) 動 基づく　(C) 動 対象とする　(D) 動 操作される
解説 文意を考えると同時に、空所の直後の for に注目しましょう。空所の前にすでに be 動詞の is がありますので、空所の過去分詞と一緒に受動態を成していると考えましょう。be intended for 〜 は「〜を対象としている」の意味ですから、(C)が正解になります。
語句 □booklet 小冊子　□specially 特に　□first-time 初めての　□buyer 購入者
□permanent life insurance 終身生命保険

4. (A) ★★

訳 その市場調査は、その国の携帯電話市場が年内に120億ドルに達することを明らかにした。
(A) 動 〜を明らかにした　(B) 動 〜を改訂した、修正した　(C) 動 〜を取り消した
(D) 動 〜を回転させた
解説 The market survey（その市場調査）が that 以下のことをどうしたのかを考えると、(A)の revealed（〜を明らかにした）が意味上適切だと分かります。
語句 □market survey 市場調査　□cellular phone 携帯電話　□reach 〜に達する
□billion 10億

5. One of the main ------- about the global economy is that it might remain stagnant for a longer period of time than previously projected.
   (A) concerns
   (B) figures
   (C) mandates
   (D) objects

6. Mr. Helmig, who had ------- served on the steering committee, was appointed to the board of directors.
   (A) precisely
   (B) preferably
   (C) presently
   (D) previously

7. Medical research shows that more than 80 percent of cyclists' head injuries can be ------- by wearing a helmet.
   (A) banned
   (B) ensured
   (C) prevented
   (D) restrained

8. If you have any inquiries concerning how to ------- your dual citizenship, please contact the nearest embassy or consulate.
   (A) bestow
   (B) consult
   (C) permit
   (D) retain

語彙問題の攻略②

5. (A) ★★
訳 世界経済に関する主な懸念の1つは、予想以上に低迷が長引くかもしれないと見られている点である。
(A) 名 懸念、関心事　(B) 名 数字、桁　(C) 名 任務、権限　(D) 名 目的、物体

解説 the global economy（世界経済）に関する何が、that以下であるのかを考えます。that節のネガティブなニュアンスから、空所には(A)のconcerns（懸念）が入ります。

語句 □global economy 世界経済　□stagnant 停滞した、沈滞した　□previously 以前に　□project 〜を予想する

6. (D) ★★
訳 ヘルミッグ氏は、以前に運営委員会の委員を務めた人だが、取締役会の役員に任命された。
(A) 副 正確に、精密に　(B) 副 できれば、なるべく　(C) 副 現在　(D) 副 以前に、〜前に

解説 2つのコンマに挟まれている部分（who had ------- served on the steering committee）は、関係代名詞who（主格）の非制限用法です（P.100を参照）。空所の前後を見ると、過去完了（had served）が使われていることが分かります。この英文の述語動詞はwas appointed（過去形）なので、時制を考えて意味上最も適切な副詞を空所に入れます。よって、正解は(D)のpreviously（以前に）です。

語句 □serve 務める　□steering committee 運営委員会　□appoint A to B A（人）をB（仕事・組織）に任命する　□board of directors 取締役会、重役会

7. (C) ★★
訳 医学研究によると、サイクリストの頭部外傷の80％以上はヘルメットの着用により防げるという。
(A) 動 禁止される　(B) 動 保証される　(C) 動 予防される　(D) 動 抑制される

解説 ヘルメットを着用することにより（by wearing a helmet）、サイクリストの頭部外傷（head injuries）はどうすることが可能かを考えます。適切なのは、(C)のprevented（防がれる）です。can be preventedの部分は受動態です。

語句 □medical research 医学研究　□cyclist サイクリスト、自転車乗り　□head injury 頭部外傷　□wear 〜を着用する　□helmet ヘルメット

8. (D) ★★
訳 二重国籍の保持の方法に関してご質問がございましたら、最寄りの大使館または領事館にご連絡下さい。
(A) 動 〜を与える　(B) 動 〜に尋ねる　(C) 動 〜を許可する　(D) 動 〜を保持する

解説 空所には意味的に考えて、dual citizenship（二重国籍）を「保持する」という動詞が入るべきです。よって、正解は(D)のretain（〜を保持する、保有する）です。

語句 □inquiry 質問　□concerning 〜に関して　□dual citizenship 二重国籍　□contact 〜に連絡する　□nearest <the 〜> 最寄りの　□embassy 大使館　□consulate 領事館

9. Please fill out both sides of this form, ------- at dotted line and mail it to the address below.
   (A) compose
   (B) detach
   (C) resend
   (D) withdraw

10. An appreciation luncheon for Mr. Scott Fraser was held last Friday in ------- of his commitment of 30 years to the company.
    (A) award
    (B) demand
    (C) honor
    (D) need

11. The applicant has ------- the ability to work collaboratively with other programmers and system administrators.
    (A) assessed
    (B) demonstrated
    (C) featured
    (D) subtracted

12. Given the global market uncertainties, more and more listed companies will go bankrupt in the ------- future.
    (A) foreseeable
    (B) imaginable
    (C) noticeable
    (D) possible

語彙問題の攻略②

9. (B) ★★★
訳 この申込用紙の両面に必要事項を記入し、点線部分を切り取り、下記の住所にご郵送下さい。
(A) 動 〜を作成する　(B) 動 〜を切り離す　(C) 動 〜を再送する　(D) 動 〜を引き出す

解説 文意から、「申込用紙に記入した」後は、dotted line（点線部分）を切り取り、それを郵送する（mail）ことが分かります。よって、正解は(B)のdetach（〜を切り離す）です。mail itのitが、detachの後に省略されていると考えましょう。

語句 □fill out 〜 〜に（必要事項を）記入する　□form 申込用紙　□dotted line 点線

10. (C) ★★
訳 スコット・フレイザー氏が30年間会社のために貢献したことに敬意を表して、先週の金曜日に感謝の昼食会が催された。
(A) 名 賞、賞金　(B) 名 要求、需要　(C) 名 敬意、栄誉　(D) 名 必要(性)

解説 Scott Fraser氏の30年間の会社への貢献をどうしたのかを考えると、すぐに適切な熟語を選ぶことができます。正解は(C)のin honor of 〜（〜に敬意を表して、〜を祝って）です。(D)のin need of 〜（〜を必要として）も大切な熟語です。

語句 □appreciation 感謝　□luncheon 昼食会　□commitment 献身、貢献

11. (B) ★★
訳 その応募者は、他のプログラマーやシステム管理者と共同作業を行うことのできる能力を実証した。
(A) 動 〜を査定した　(B) 動 〜を証明した　(C) 動 〜を特集した　(D) 動 〜を差し引いた

解説 空所の後のthe ability to work collaboratively with 〜（〜と共同作業を行なうことのできる能力）をどうしたのかを考えます。文意に合うのは、能力を「証明した、実証した」ですから、(B)のdemonstratedが正解です。

語句 □applicant 応募者、志願者　□work collaboratively 共同作業をする　□programmer プログラマー　□system administrator システム管理者、シスアド

12. (A) ★★★
訳 世界市場の不確実性を考慮に入れると、近い将来ますます多くの上場企業が倒産するだろう。
(A) 形 予測可能な　(B) 形 想像できる　(C) 形 目立つ、著しい　(D) 形 可能性がある

解説 listed companies（上場企業）が「近い将来」go bankrupt（倒産する）だろうと考えるのが妥当です。よって、(A)のforeseeable（予測できる）が正解となります。in the foreseeable futureは「予測できるほど近い未来に」という意味ですから「近い将来、近々」と訳せばよいわけです。

語句 □given 〜を考えると、考慮すると　□global market 世界市場　□uncertainty 不確実性、不確定要素　□listed company 上場企業　□go bankrupt 倒産する

13. The primary purpose of this survey is to quantitatively ------- product demand, especially among prospective customers.
    (A) gauge
    (B) generate
    (C) grant
    (D) guarantee

    Ⓐ Ⓑ Ⓒ Ⓓ

14. New trade negotiations between Switzerland and Japan are ------- exactly as scheduled.
    (A) accomplishing
    (B) capturing
    (C) marching
    (D) proceeding

    Ⓐ Ⓑ Ⓒ Ⓓ

15. With this new plan you can make ------- domestic long-distance calls at a flat monthly rate.
    (A) unaccounted
    (B) uncertain
    (C) unlimited
    (D) unusual

    Ⓐ Ⓑ Ⓒ Ⓓ

16. The first thing we need to do is gather ------- information about the client's current status and needs.
    (A) accurate
    (B) intensive
    (C) partial
    (D) typical

    Ⓐ Ⓑ Ⓒ Ⓓ

語彙問題の攻略②

13. (A) ★★★
訳 この調査の第一目的は、特に見込み客における製品需要を量的に測定することである。
(A) 動 ～を測定する　(B) 動 ～を作り出す、発生させる　(C) 動 ～を承諾する、供与する
(D) 動 ～を保証する

解説 product demand（製品需要）を量的に（quantitatively）どうするのかを考えます。文意から適切なのは、(A)のgauge（～を測定する）です。

語句 □primary 第一の、主要な　□purpose 目的　□survey 調査　□quantitatively 量的に　□product demand 製品需要　□especially 特に　□prospective customer 見込み客、予想購買者

14. (D) ★★★
訳 スイスと日本との新しい貿易交渉は、ぴったり予定通りに進んでいる。
(A) 動 ～を成し遂げている　(B) 動 ～を獲得している　(C) 動 行進している　(D) 動 進行している

解説 trade negotiations（貿易交渉）がexactly as scheduled（ぴったり予定通りに）どうなっているのかを考えます。文意から判断して、適切なのは(D)のproceeding（進行している）です。(A)と(B)は他動詞なので、この英文には目的語がないことから、誤答だとすぐ判断できなければいけませんね。

語句 □trade negotiations 貿易交渉　□Switzerland スイス　□exactly 正確に、ぴったり　□as scheduled 予定通りに（= as planned）

15. (C) ★★
訳 この新しいプランに入れば、月極め料金で国内長距離電話を無制限にご利用頂けます。
(A) 形 不明の　(B) 形 不確かな　(C) 形 無制限の、無条件の　(D) 形 普通ではない、異常な

解説 月極め料金（at a flat monthly rate）でどんな国内長距離電話をかけることができるかを考えます。(C)のunlimited（無制限の）が正解です。

語句 □domestic 国内の　□long-distance call 長距離電話　□flat 均一の　□monthly 毎月の　□rate 料金、値段

16. (A) ★★
訳 我々が最初にしなければならないことは、そのクライアントの現状とニーズに関する正確な情報を収集することである。
(A) 形 正確な　(B) 形 集中的な、徹底的な　(C) 形 部分的な、不公平な　(D) 形 典型的な

解説 どのような情報を収集すべきかを考えます。文意から適切なのは、(A)のaccurate（正確な）です。反意語のinaccurate（不正確な）も覚えておきましょう。

語句 □gather ～を集める　□client 顧客、クライアント　□current 現在の　□status 状態

17. The two software companies might get only a ------- financial gain from the upcoming merger.
    (A) deliberate
    (B) futile
    (C) marginal
    (D) rational

18. The apparel manufacturer has launched new apparel lines in close ------- with Spencer Corporation.
    (A) conception
    (B) confusion
    (C) coincidence
    (D) conjunction

19. The kitchen knives manufactured by MKS are far ------- to competing products on the market.
    (A) better
    (B) improved
    (C) skilled
    (D) superior

20. All public offices including the post office will be closed next Monday in ------- of Martin Luther King Jr. Day.
    (A) acknowledgment
    (B) defiance
    (C) observance
    (D) search

語彙問題の攻略②

17. (C) ★★★
訳 その２つのソフトウェア会社は、近く行なわれる合併によりわずかな財務利益を得るだけかもしれない。
(A) 形 故意の、慎重な　(B) 形 無駄な　(C) 形 わずかな　(D) 形 合理的な
解説 どんなfinancial gain（財務利益）を得るのかを考えます。選択肢の中で、うまくむすびつく形容詞は(C)のmarginal（わずかな、ほんの少しの）だけです。
語句 □software company ソフトウェア会社　□financial 財務上の　□gain 利益
□upcoming 来る、今度の　□merger 合併

18. (D) ★★★
訳 その衣服メーカーはスペンサー社との密接な連携により、新しいアパレル商品を発売した。
(A) 名 観念、構想　(B) 名 混乱、戸惑い　(C) 名 （偶然の）一致、合致　(D) 名 共同、結合
解説 conjunctionは「共同、結合」の意味で、しばしばin conjunction with ～（～と連携して、協力して）の形で用いられます。この英文のclose（緊密な）は形容詞で、conjunctionを修飾しているわけです。
語句 □apparel 衣服　□manufacturer メーカー、製造会社　□launch ～を発売する

19. (D) ★★
訳 MKS社製の包丁は、市場に出回っている競合品よりもはるかに優れている。
(A) 形 より優れている　(B) 形 改良された　(C) 形 熟練した　(D) 形 優れた、上等の
解説 文意から、空所には比較級を入れればよいのではないかと判断できます。しかし、空所の直後にはthanではなく、toが来ています。superior（優れた）のようにラテン語の形容詞の比較級に由来した語は、語尾が-orで終わります。他の例として、反意語のinferior（劣った）や、senior（年上の）、junior（年下の）などがあります。これらの形容詞を比較級で用いる場合は、thanの代わりにtoを用いるのです。(A)のbetterの場合は、better than ～となりますね。
語句 □kitchen knife 包丁　□manufacture ～を製造する　□far はるかに、ずっと
□competing product 競合製品　□on the market 売りに出されて、市場に出回って

20. (C) ★★★
訳 郵便局を含め、すべての官公庁が、マーティン・ルーサー・キング・デーを祝って、来週の月曜日に閉まります。
(A) 名 承認、感謝　(B) 名 無視、反抗　(C) 名 祝賀、順守　(D) 名 捜索、追求
解説 in observance of ～は「～を祝って、守って」の意味の重要熟語です。アメリカでは１月の第３月曜日をMartin Luther King, Jr. Dayとして祝日にしています。in ～ ofを用いた誤答の熟語の意味は、(A) in acknowledgment of（～に対する返事として）、(B) in defiance of（～を無視して）、(D) in search of（～を探し求めて）です。
語句 □including ～を含めて　□post office 郵便局

21. This service is provided free of charge and you have no ------- to purchase anything at all.
    (A) fulfillment
    (B) obligation
    (C) pledge
    (D) signing

    Ⓐ Ⓑ Ⓒ Ⓓ

22. The new management team will ------- significant changes to streamline the company's operations.
    (A) achieve
    (B) exhibit
    (C) implement
    (D) modify

    Ⓐ Ⓑ Ⓒ Ⓓ

23. Because activities involving the use of this equipment are ------- dangerous, you should be cautious when handling it.
    (A) incidentally
    (B) individually
    (C) inherently
    (D) intentionally

    Ⓐ Ⓑ Ⓒ Ⓓ

24. Creative Realtors sell simple but comfortable year-round cabins by the lake at a ------- price.
    (A) belated
    (B) faithful
    (C) sharp
    (D) reasonable

    Ⓐ Ⓑ Ⓒ Ⓓ

語彙問題の攻略②

21. (B) ★★
訳 このサービスは無料であり、貴殿は何も購入する義務はございません。
(A) 名 遂行、実現 (B) 名 義務、責任 (C) 名 約束、誓約 (D) 名 調印、署名
解説 文意から「この無料サービスを受けたとしても、あなたには何も購入する義務はありません」と理解できますね。よって、(B)のobligation（義務、責任）が正解です。you have no obligation to purchase 〜は、you are under no obligation to purchase 〜と言い換えることも可能です。
語句 □free of charge 無料で □purchase 〜を購入する □at all（否定語と共に）全く〜ない

22. (C) ★★
訳 新しい経営陣は、会社の運営を合理化するために大幅な改革を行なうつもりだ。
(A) 動 〜を成し遂げる、実現する (B) 動 〜を展示する、発表する (C) 動 〜を実施する、施行する (D) 動 〜を修正する、変更する
解説 空所には、直後の名詞句であるsignificant changes（大幅な改革）を目的語に取る他動詞を入れる必要があります。意味上、適切なのは(C)のimplement（〜を実行する）です。
語句 □management team 経営陣 □significant 大幅な、著しい □streamline 〜を合理化する、効率化する □operations 運営、事業

23. (C) ★★★
訳 この機器の使用に伴う作業は本質的に危険なものなので、慎重に扱うべきです。
(A) 副 偶然に、付随的に (B) 副 個別に、個々に (C) 副 本質的に、そもそも (D) 副 わざと、故意に
解説 空所の直後のdangerous（危険な）を適切に修飾する副詞を選びます。正解は、(C)のinherently（本質的に）です。
語句 □involving 〜を伴う、〜に関する □equipment 機器、装置 □cautious 慎重な、注意する □handle 〜を扱う

24. (D) ★★
訳 クリエイティブ不動産は、湖畔に建つ簡素ながら快適で1年中使用可能なキャビンを手頃な値段で売っている。
(A) 形 遅れた (B) 形 忠実な (C) 形 鋭い (D) 形 手頃な
解説 「湖畔のキャビン」をどのような値段で売っているのかを考えます。意味的に適切なのは、(D)のreasonable（手頃な）です。at a reasonable price（手頃な値段で、適正価格で）はフレーズで覚えておきましょう。
語句 □realtor 不動産業者 □comfortable 快適な、くつろげる □year-round 年中開いている、通年の □cabin キャビン、簡易宿泊施設

25. This is just a reminder to inform you that your account is 60 days -------.
    (A) advanced
    (B) expired
    (C) overdue
    (D) substantial

26. There is an urgent need to renew the existing regulation because it will ------- into effect by the end of the year.
    (A) come
    (B) fit
    (C) move
    (D) take

27. A special award was presented to Mr. Alatas in recognition of his outstanding ------- to the company's success.
    (A) basement
    (B) dedication
    (C) fondness
    (D) obligation

28. These large recreational facilities are designated ------- for senior citizens.
    (A) continually
    (B) exclusively
    (C) generously
    (D) promptly

語彙問題の攻略②

25. (C) ★★★
訳 これは、お客様のお支払期限が60日過ぎていることをご連絡するものです。
(A) 形 進歩した　(B) 形 期限切れの　(C) 形 期限を過ぎた　(D) 形 相当な、重要な

解説 この英文は、滞納している人に対する支払いの催促状です。すでに「60日支払いの期限が過ぎている」わけですから、60 daysの後の空所には、(C)のoverdue（支払い期限の過ぎた）を入れるのが正解です。(B)のexpiredは、is 60 days expiredのように叙述用法で用いることはできません。限定用法として、expired coupon（期限切れのクーポン）やexpired license（期限切れの免許証）のように用います。

語句 □reminder 催促状、延滞通知　□account 請求書、勘定

26. (A) ★★
訳 現行の規定は早急に更新する必要があります、というのは年末までに新規定が施行されるからです。
(A) 動 (〜に)なる、達する　(B) 動 適合する　(C) 動 移動する　(D) 動 取る

解説 come into effectは「施行される、発効する、成立する」の意味の重要熟語です。come into effect=go into effect=take effectはすべて同じ意味なので、3つをまとめて覚えておきましょう。takeの場合はintoが要らないことに注意して下さい。

語句 □urgent 急を要する　□renew 〜を更新する　□existing 現在の、現行の　□regulation 規則、規定

27. (B) ★★
訳 会社の成功に多大な貢献をしたことへの功労として、特別賞がアラタス氏に贈られた。
(A) 名 地階、基盤　(B) 名 献身、貢献　(C) 名 好み、思い入れ　(D) 名 義務、拘束

解説 Alatas氏がthe company's success（会社の成功）に対して、outstanding（見事な、際立った）何をしたのかを考えます。outstanding dedication to 〜（〜に対する素晴らしい貢献）とするのが適切なので、(B)が正解です。この場合のdedicationは、contribution（貢献、寄与）と同じ意味で用いられています。

語句 □special award 特別賞　□present 〜を贈る　□in recognition of 〜 〜を認めて　□outstanding 優れた、素晴らしい

28. (B) ★★★
訳 これらの大型娯楽施設は、高齢者専用に指定されています。
(A) 副 継続的に　(B) 副 独占的に、全く〜のみ　(C) 副 寛大に　(D) 副 迅速に

解説 空所の後のfor senior citizens（高齢者のために）から、空所には(B)のexclusively（独占的に）を入れて、「高齢者専用に」という副詞句を作るのが適切だと考えます。そうすれば、exclusively for senior citizensの副詞句が空所直前の述語動詞（are designated）をうまく修飾できますね。

語句 □recreational facilities 娯楽施設　□designate 〜を指定する　□senior citizen 高齢者

29. Please let us know in advance when you will be arriving so that we can make appropriate arrangements -------.
(A) accordingly
(B) mutually
(C) respectively
(D) temporarily

Ⓐ Ⓑ Ⓒ Ⓓ

30. Consumers are increasingly more environmentally ------- of the value of recycling.
(A) ashamed
(B) conscious
(C) envious
(D) wary

Ⓐ Ⓑ Ⓒ Ⓓ

29. (A) ★★★

訳 到着日を事前にお伝えいただければ、それに従って当方で必要な手配を致しますので、宜しくお願いします。

(A) 副 それに応じて　(B) 副 互いに　(C) 副 それぞれ　(D) 副 一時的に

解説 この英文のso thatは「〜するために」の意味を表します。つまり、目的を表す副詞節を導く接続詞です。よって、so that以下の意味を吟味してみると、空所には(A)のaccordingly（それに応じて、それによって）を入れるのが適切だと分かります。

語句 □in advance 前もって、予め　□make arrangements 手配をする、準備をする　□appropriate 適切な、しかるべき

30. (B) ★★

訳 消費者はリサイクルの重要性に関してますます環境意識を高めている。

(A) 形 恥ずかしい　(B) 形 意識している　(C) 形 うらやましい　(D) 形 警戒している

解説 空所の前の副詞environmentallyの後に、意味的にどのような形容詞が適切であり、同時に空所の後の前置詞ofとうまく結びつくかを考えます。正解は、(B)のconscious（意識している）です。environmentally conscious of 〜は「〜について環境を意識している」くらいの意味になります。

語句 □consumer 消費者　□increasingly ますます、だんだんと　□environmentally 環境保護に関して、環境的に　□value 重要性、価値　□recycling リサイクル、再生利用

まる覚え！最重要単語

- **peak** 動 ピークに達する
  * Russian oil production peaked a decade ago.（ロシアの石油生産量は10年前にピークを迎えた）
- **periodically** 副 定期的に
  * These lists are updated periodically.（これらのリストは定期的に更新される）
- **persistently** 副 粘り強く、持続的に
  * persistently demand a pay raise（粘り強く賃上げを要求する）
- **politely** 副 丁寧に、丁重に
  * speak politely to everyone（誰に対しても丁寧な言葉遣いをする）
- **pollution** 名 汚染、公害 * air pollution（大気汚染）
- **postpone** 動 〜を延期する
  * The meeting has been postponed until tomorrow.（会議は明日に延期された）
- **predictable** 形 予測可能な
  * The result was predictable.（結果は予想通りだった）
- **predominant** 形 優勢な、支配的な
  * become predominant（優位になる）
- **preferably** 副 望ましくは、できれば
  * I'd like to go there, preferably on the 18th.（そこには、できれば18日に行きたいと思っています）
- **prevent** 動 〜を防ぐ、阻止する
  * prevent further damage（それ以上の損傷を防ぐ）
- **produce** 動 〜を取り出して見せる、〜を製造する
  * produce two forms of identification（2種類の身分証明書を提示する）
- **productivity** 名 生産性
  * improve agricultural productivity（農業生産性を向上させる）
- **prominent** 形 顕著な、卓越した * prominent effect（顕著な影響）
- **prompt** 形 迅速な、素早い
  * I would appreciate your prompt reply.（早急のご回答をお願い申し上げます）
- **proportion** 名 割合、比率
  * a large proportion of the elderly（かなりの割合の高齢者）
- **pursue** 動 〜を追求する、目指す
  * pursue drastic reforms（抜本的な改革を追求する）
- **redundancy** 名 余剰人員、余分 * worker redundancy（過剰人員）
- **reinforce** 動 〜を強化する、補強する
  * reinforce the old wall（古い壁を補強する）
- **renew** 動 〜を更新する
  * It's time to renew your subscription.（購読の更新時期です）
- **reluctant** 形 気乗りしない、渋々の
  * I'm reluctant to do anything today.（今日は何もする気がしない）

UNIT 5
関係詞・代名詞・副詞・形容詞・比較の攻略

関係詞（関係代名詞・関係副詞）が苦手な人は多いようです。このUnitでは、関係詞をはじめ、代名詞、副詞、形容詞、比較の基礎事項を学んでいきます。文法は例文をしっかり吟味しながら論理的にマスターし、問題は機械的にスイスイと解くことを目標にしましょう。

Unit 5

基本戦略 7　5つの文法事項の基本を確認しよう！

関係詞・代名詞・副詞・形容詞・比較の用法と注意点を学びます。どれも中学・高校の基礎レベルですので、例文とともにしっかりマスターして下さい。

関係詞

1 関係代名詞：接続詞と代名詞の働きをします。

先行詞	主格	所有格	目的格
人	who	whose	whom
物・動物	which	whose of which	which
人・物・動物	that	—	that
物（先行詞を含む）	what	—	what

- What's the name of the woman who [that] is standing over there?
  （あそこに立っている女性の名前は何と言いますか）
- Is he the boy whose father is a senator?
  （彼は父親が上院議員をしている子ですか）
- He is the man whom [that] I have worked with for five years.
  （彼は私が5年間一緒に働いてきた人です）
- This is the bicycle which [that] I bought last week.
  （これが私が先週買った自転車です）
- I understand what you are saying.
  （おっしゃっていることは分かります／その通りですね）

2 関係代名詞には2つの用法がある

① **制限用法**：先行詞の意味を限定する用法で、先行詞の後にコンマを付けません。
  - He had two sons who became doctors.（彼には医師になった息子が2人いた）

② **非制限用法**：先行詞について追加的な説明をする用法で、先行詞の後にコンマを付けます。thatはこの用法では使わないので要注意！
  - I met Gwen, who asked me to give you her regards.
    （私はグウェンに会いまして、あなたによろしくと頼まれました）
  - Brian said he was sick, which was a lie.
    （ブライアンは病気だと言ったが、それは嘘だった）

3 複合関係代名詞：先行詞をそれ自身の中に含んでいる関係代名詞です。

whoever, whichever, whateverの3つがあり、名詞節および譲歩を表す副詞節を導く働きがあります。複合関係代名詞に関する問題はTOEICのPart 5とPart 6にはあまり出ませんが、一通り意味を確認しておくことは大切です。

① **whoever**： 名詞節を導く場合
　　　　　　「～する人は誰でも」（= anyone [anybody] who）
　　　　　　● Whoever comes is welcome.（来る人は誰でも歓迎します）
　　　　　　譲歩の副詞節を導く場合
　　　　　　「誰が～しようとも」（= no matter who）

② **whichever**： 名詞節を導く場合
　　　　　　「どれでも」「どちらでも」（= any one that）
　　　　　　● You can take whichever seat you like.
　　　　　　　（どれでも好きな席に座って下さい）
　　　　　　譲歩の副詞節を導く場合
　　　　　　「どちらが［を］～しようとも」（= no matter which）

③ **whatever**： 名詞節を導く場合
　　　　　　「（～する）ものは何でも」（= anything that）
　　　　　　譲歩の副詞節を導く場合
　　　　　　「どんなこと［もの］が［を］～しようとも」（= no matter what）
　　　　　　● Whatever you say, he will not change his mind.
　　　　　　　（あなたが何を言おうが、彼は考えを変えはしないでしょう）

4 関係副詞：接続詞と副詞の働きをします。

① 先行詞が「場所」を表す場合：**where**
　● This is the town where [in which] Ann was born.
　（ここはアンが生まれた町です）

② 先行詞が「時」を表す場合：**when**
　● I'll never forget the day (when) I met Lana.
　（ラナと会った日のことは決して忘れません）

③ 先行詞が「理由」を表す場合：**why**
　● That's the reason (why) I came here.（だからこそ、私はここへ来たのです）

5 関係副詞には2つの用法がある

　関係副詞のうち、whenとwhereには非制限用法があります。制限用法については、4の項目で例文をすでに示していますので、ここでは非制限用法の例だけを示しておきます。

- She was about to go shopping, when it began to rain.
（彼女が買い物に出かけようとしていると、雨が降り出した）
- He went to Colorado, where he enjoyed skiing.
（彼はコロラドへ行き、そこでスキーを楽しんだ）

6 複合関係副詞：wherever, whenever, howeverの3つがあり、接続詞的に使われる場合と譲歩を表す副詞節を導く場合の2つの用法があります。ここでは意味をざっと確認しておきましょう。

① **wherever**：　**接続詞的に使われる場合**
　　　　　　　「～するところならどこ（へ）でも」（= at any place where）
　　　　　　　譲歩の副詞節を導く場合
　　　　　　　「どこで～しようとも」（= no matter where）

- Wherever you go, you will find no place like home.
（どこに行こうとも、我が家に勝る所は見つからない）

② **whenever**：　**接続詞的に使われる場合**
　　　　　　　「～するときはいつでも」（= at any time when）

- Whenever I call on him, he is not home.
（いつ訪ねても彼は留守だ）

　　　　　　　譲歩の副詞節を導く場合
　　　　　　　「いつ～しようとも」（= no matter when）

③ **however**：　**接続詞的に使われる場合**
　　　　　　　「どんなふうに～しても」（= in whatever way / by whatever means）
　　　　　　　譲歩の副詞節を導く場合
　　　　　　　「どんなに～しようとも」（= no matter how）

- I'll have to get this work done, however long it takes.
（どんなに長くかかっても、私はこの仕事を済まさなければならない）

代名詞

1 人称代名詞：話題になる人または物を示す代名詞です。語形の変化に注意しましょう。

	人称	主格	所有格	目的格	所有代名詞	再帰代名詞
単数	1	I	my	me	mine	myself
	2	you	your	you	yours	yourself
	3	he / she / it	his / her / its	him / her / it	his / hers / —	himself / herself / itself
複数	1	we	our	us	ours	ourselves
	2	you	your	you	yours	yourselves
	3	they	their	them	theirs	themselves

2 指示代名詞：「これ」「それ／あれ」と指し示す代名詞です。**this／these** と **that／those** があります。

指示代名詞の用法のうち、反復を避ける **that** が比較級の文で非常によく出ます。複数の場合は **those** を用います。

- The area of Canada is larger than that of the USA.
  （カナダの面積はアメリカ合衆国のそれよりも大きい）[that = the area]
- The finest wines are those from France.
  （最上のワインはフランス産のものである）[those = the wines]

3 疑問代名詞：疑問文を作る代名詞です。**who, whose, whom, what, which** などがあります。

- Who invented the light bulb?（電球を発明したのは誰ですか）

4 不定代名詞：不定の数量を示す代名詞です。どのようなものがあるかだけチェックしておきましょう。TOEICには難しい不定代名詞の用法に関する問題が出ることはないので、心配はいりません。

① 形容詞用法のみを持つもの：**every**

② 名詞用法のみを持つもの

- one, none ・somebody, anybody, everybody, nobody ・something, anything, everything, nothing ・someone, anyone, everyone, no one（誰も～ない）

③ 形容詞・名詞の両用法を持つもの

- all, both, each ・any, some, either（どちらか一方の～／どちらかの一方）, neither（どちらの…も～ない／どちらも～ない）・other（他の／他の人・物）, another（もう１つの／もう１人の人・もう１つの物）

副詞

1 紛らわしい副詞に注意：次の４つをしっかり区別して覚えておきましょう。

① **hard**（懸命に）と **hardly**（ほとんど～でない）
- He works hard.（彼は一生懸命働く）
- He hardly works.（彼はほとんど働かない）

② **late**（遅れて、遅く）と **lately**（最近）
- She arrived late.（彼女は遅れて来た）
- She's been busy lately.（彼女は最近忙しい）

③ **near**（近くに）と **nearly**（ほぼ、もう少しで）
- His birthday is drawing near.（彼の誕生日が近づいている）
- The work is nearly finished.（その仕事はもうすぐ終わる）

④ **high**（高く）と **highly**（非常に、大いに）
- The desk is piled high with books.（その机の上には本が山積みになっている）
- Japan's public transportation system is highly developed.（日本の公共交通機関は非常に発達している）

2 ago, before, since の違い：これらの違いは、時制に関する問題の中で重要になります。

① **ago**：過去時制で用い、発話時を基準にして「（今から）～前」の意味を表します。
- He moved to Chicago three years ago.（彼は３年前にシカゴに引っ越した）

② **before**：過去形・現在完了形で発話時を基準にして「以前に」の意味を、過去完了形で過去の特定時を基準にして「以前に、(そのときから)～前」の意味を表します。
- I heard [have heard] of it before.（そのことは以前聞いたことがあります）
- He said that he had met Liz before.（彼は以前リズに会ったことがあると言った）

③ **since**：現在完了形で用い、過去の特定時から現在までの期間を示し、「～して以来」の意味を表します。
- She has lived here since last year.（彼女は去年からここに住んでいます）

形容詞

1 fewとlittleの違い：a few, fewは複数可算名詞と、a little, littleは不可算名詞と共に用います。a few, a littleは「少しはある」という肯定的意味ですが、few, littleは「ほとんどない」という否定的意味になります。
- The new model has a few advantages.（その新型製品にはいくつかの利点がある）
- There is a little money in the piggy bank.（貯金箱の中に少しのお金がある）
- He has few friends.（彼には友達がほとんどいない）
- There is little hope of her recovery.（彼女が回復する見込みはほとんどない）

2 重要な不可算名詞：適切な形容詞を選ぶためには、その名詞が可算名詞か不可算名詞かを知っておく必要があります。次に挙げる不可算名詞は、TOEICのPart 5に最頻出のものなので、覚えておきましょう。

> - **advice**（アドバイス）
> - **baggage／luggage**（手荷物）
> - **equipment**（設備、器具）
> - **furniture**（家具）
> - **homework**（宿題）
> - **information**（情報）
> - **knowledge**（知識）
> - **machinery**（機械類）
> - **mail**（郵便物）
> - **news**（ニュース）
> - **traffic**（交通）
> - **weather**（天気）

比較

1 3つの比較表現：基本形（原級、比較級、最上級）をしっかり理解しておきましょう。

① **原級**：〈as + 原級（形容詞／副詞）+ as ...〉「…と同じくらい～」
- He is as tall as I am.（彼は身長が私と同じくらいだ）

② 比較級：〈比較級（-er／more ~）+ than ...〉「…よりも~」
- My father is older than my mother.（父は母よりも年が上です）
- This belt is more expensive than that one.（このベルトはあれよりも高い）

③ 最上級：〈the + 最上級（-est／most ~）〉「最も~」
- Nancy is the brightest student in the class.（ナンシーはクラスで一番優秀だ）
- This is the most interesting book (that) I've ever read.
（これは私がこれまでに読んだ中で最も面白い本です）

2 重要な比較構文と慣用表現

① 原級を用いたもの

（1）〈not as／so ~ as ...〉「…ほど~ではない」
- It's not as [so] difficult as it looks.（それは見た目ほど難しくはない）

（2）〈倍数詞 + as ~ as ...〉「…の~倍」
- This box is three times as large as that one.
（この箱はあれの3倍の大きさがある）
* 「~の2倍」は〈two times as ~ as ...〉ではなく、〈twice as ~ as ...〉を用います。
- He earns twice as much money as you do.
（彼はあなたの2倍もお金をかせいでいる）

（3）〈the same (+ 名詞) + as ...〉「…と同じ（~）」
- He uses the same computer as you do.
（彼はあなたと同じコンピュータを使っている）

② 比較級を用いたもの

（1）〈比較級 + than any other + 単数名詞〉「ほかのどんな…よりも~」
- Bob is more competent than any other colleague in his department.
（ボブは彼の部署のどの同僚よりも有能だ）

（2）〈no other + 単数名詞 + 比較級 + than ...〉「…ほど~なものはいない」
- No other secretary in the office is more talented than Sarah.
（会社にはサラほど優れた秘書はいない）

（3）〈the + 比較級, the + 比較級〉
- The sooner, the better.（早ければ早いほどよい）

③ 最上級を用いたもの
　（1）〈the second [third] + 最上級〉「2番目に［3番目に］〜な」
　● It's the second largest island in this country.
　　（それはこの国で2番目に大きな島です）
　（2）〈at most〉「せいぜい、多くて」
　● There were 50 participants at most. （参加者はせいぜい50名くらいだった）
　（3）〈at least〉「少なくとも」
　● It should cost at least 100 dollars. （それは少なくとも100ドルはかかるはずです）

3 **比較級・最上級を強める語句**：比較級には**even, much, far, by far, a lot**などを、最上級には**very, much, by far**などを用いて強めます。
● If you take this road, you'll get there much faster.
　（この道を行けば、ずっと早く着きますよ）
● Of all these books, this is by far the best on English grammar.
　（これらの本の中で、英文法に関してはこれが断然優れています）

練習問題 Start!

1. They booked a grand ballroom ------- can accommodate up to 300 people for meeting or banquet functions.
   (A) that
   (B) what
   (C) where
   (D) who

2. ------- guests that exhibit abusive or offensive behaviors towards staff or other guests may not be permitted to remain in the hotel.
   (A) Any
   (B) Every
   (C) Much
   (D) None

3. In his closing address Dr. Marcel Dahan, ------- served as a Chairman of the Forum, expressed his special gratitude to the National Coordinating Committee.
   (A) those
   (B) which
   (C) who
   (D) whose

4. Ms. Portin was shocked when ------- request was not accepted by any of the directors.
   (A) her
   (B) hers
   (C) herself
   (D) she

関係詞・代名詞・副詞・形容詞・比較の攻略

正解・解説

1. (A) ★★
訳 彼らは、会合や宴会を催す場合最大300名までを収容できる大舞踏室を予約した。

解説 関係詞の問題です。先行詞は空所の直前にあるa grand ballroomであり、主格の「物」なので、適切な関係詞は関係代名詞のthat（またはwhich）となります。

語句 □book ～を予約する（= reserve）　□grand ballroom 大舞踏室　□accommodate ～を収容できる　□up to ～ 最大で～まで　□banquet 宴会　□function 式典、催し物

2. (A) ★★★
訳 スタッフや他の宿泊客に対して暴力的または攻撃的な行為を示す宿泊客は誰でも、当ホテルに滞在することはできません。

解説 形容詞の問題です。空所の直後のguestsは複数名詞になっています。(B)のEveryは直後は単数名詞が来ますし、(C)のMuchは可算名詞を後ろに取ることはありません。(D)のNoneは代名詞または副詞の働きを持ちますが、形容詞の働きはありません。(A)のAny（どんな～でも）は直後に単数名詞と複数名詞のどちらをも取ることのできる形容詞です。よって、(A) Anyが正解です。

語句 □exhibit ～を表に出す　□abusive 虐待的な、口汚い　□offensive 攻撃的な、無礼な　□behavior 行為、態度　□staff 従業員　□permit ～を許可する　□remain 滞在する

3. (C) ★★
訳 マーセル・ダハン博士はそのフォーラムの議長を務めたのだが、閉会の辞で彼は全国調整委員会に心から感謝の意を表した。

解説 関係詞の問題です。2つのコンマによって挟まれている部分は、空所の直前にある先行詞Dr. Marcel Dahanについての追加的な説明となっています（非制限用法）。空所には、先行詞が「人」の場合の主格whoを入れるのが正解です。

語句 □closing address 閉会の辞　□serve 務める　□chairman 議長　□forum フォーラム、公開討論会　□gratitude 感謝　□coordinating committee 調整委員会

4. (A) ★
訳 ポーティンさんは自分の要請がどの役員からも承認されなかった時、ショックを受けた。

解説 代名詞の問題です。request（要請、要求）はMs. Portin自身のものであったわけですから、人称代名詞の所有格のherを用います。

語句 □*be* shocked ショックを受ける　□accept ～を承認する　□directors 重役、取締役

5. The hotel ------- we stayed in New York during our summer vacation was nice and yet very costly.
   (A) what
   (B) whose
   (C) which
   (D) where

6. ------- all employees strongly contested the company's decision to adopt the new dress code policy.
   (A) Almost
   (B) Many
   (C) More
   (D) Most

7. We had a tough time understanding ------- the new president was trying to say in his inaugural address.
   (A) that
   (B) what
   (C) which
   (D) whose

8. At the nursing home we met a group of local volunteers, some of ------- were high school and college students.
   (A) it
   (B) those
   (C) what
   (D) whom

関係詞・代名詞・副詞・形容詞・比較の攻略

5. (D) ★★
訳 私たちが夏の休暇中に泊まったニューヨークのホテルは素敵だったが、非常に高かった。

解説 関係詞の問題です。先行詞はthe hotelです。そこに滞在したわけですから、関係詞は(D)のwhereを選びます。(C)のwhichは、The hotel which we stayed inで一見正しく見えるかもしれませんが、この場合のinはNew Yorkにかかっているので、誤りです。whereの代わりに、at whichを使うことは可能です。stay at 〜で「〜に泊まる」の意味ですから、分かりますよね。

語句 □costly 値段のかかる、高価な

6. (A) ★★★
訳 従業員のほぼ全員が、新しい服装規定に関する方針の採用決定に強く異議を唱えた。

解説 副詞の問題です。AlmostかMostかどちらを選ぶべきかで悩む人が多いようです。空所の直後のall（すべての）は限定詞ですので、副詞のAlmostで修飾するしかありません。よって、正解は(A)です。副詞のMostを使ってMost all employeesとするネイティブも時にはいますが、それは誤用です。Mostを用いる場合は、Most employees（Most=形容詞）かMost of the employees（Most=代名詞）のようになります。

語句 □contest 〜に異議を唱える　□adopt 〜を採用する、採択する　□dress code 服装規定　□policy 方針、政策

7. (B) ★★
訳 私たちは新社長が就任演説の中で言わんとすることを理解するのに苦労した。

解説 関係詞の問題です。「新社長が言おうとしていたこと」と理解すれば、関係代名詞の(B) whatが正解だと分かります。この英文のwhat（先行詞を含む関係代名詞）はunderstandingの目的語になっており、名詞節を作っています。少し堅い表現となりますが、whatはthat whichに言い換えることも可能です。(A)のthatを選んで、これはthat節だと考えてしまう人も多いと思いますが、その場合はsayの目的語が見当たりませんので、誤答となります。

語句 □have a tough time 苦労する、つらい思いをする　□inaugural address 就任演説（= inaugural speech）

8. (D) ★★
訳 その老人ホームで我々は地元ボランティアの団体に会ったが、その中の一部は高校生と大学生だった。

解説 関係詞の問題です。コンマの直後には関係代名詞の非制限用法が使われています。空所の前には前置詞のofがあるので、空所には「人」を先行詞とする場合の目的格、つまりwhomを入れるべきです。

語句 □nursing home 老人ホーム　□local 地元の　□volunteer ボランティア

111

9. The delivered goods in the package were defective and, moreover, were not identical to the samples ------- I had looked at in the brochure.
   (A) when
   (B) where
   (C) which
   (D) what

   Ⓐ Ⓑ Ⓒ Ⓓ

10. A new computerized 3-D scanner is able to operate nearly twice as ------- as the previous model.
    (A) efficiencies
    (B) efficiency
    (C) efficient
    (D) efficiently

    Ⓐ Ⓑ Ⓒ Ⓓ

11. Last week we called an electronics repairman to clean some equipment without removing ------- from the machines.
    (A) it
    (B) that
    (C) them
    (D) those

    Ⓐ Ⓑ Ⓒ Ⓓ

12. In collaboration with other artists, Ms. Brainard found ------- in a rather difficult position.
    (A) it
    (B) one
    (C) her
    (D) herself

    Ⓐ Ⓑ Ⓒ Ⓓ

関係詞・代名詞・副詞・形容詞・比較の攻略

9. (C) ★★★
訳 小包で届いた発送商品は欠陥品であり、さらに私が冊子で見たサンプルとは違っていた。

解説 関係詞の問題です。先行詞は空所の直前にあるthe samplesであり、目的格の「物」なので、適切な関係詞は関係代名詞のwhich（またはthat）となります。

語句 □delivered goods 発送商品　□package 包み、小包　□defective 欠陥のある　□moreover さらに　□identical to ～ ～と全く一致して　□brochure 冊子、カタログ

10. (D) ★★
訳 新型のコンピュータ化された3Dスキャナーは、旧型モデルの約2倍ほど効率的に機能します。

(A) 名 efficiencyの複数形：能率　(B) 名 能率　(C) 形 能率的な、効率のよい　(D) 副 能率的に、効率的に

解説 比較の問題です。空所の前後にasが2つ使われていることに注目します。〈as + 形容詞／副詞 + as ...〉は「…と同じくらい～で」の意味でしたね。空所の中に入れるべき品詞は動詞のoperateを修飾する副詞でなければなりません。よって、正解は(D)のefficiently（能率的に、効率的に）となります。

語句 □computerized コンピュータ化された　□3-D scanner 3Dスキャナー、3次元スキャナー　□operate 作動する、機能する　□nearly ほぼ、ほとんど　□twice 2倍に　□previous 以前の　□model モデル

11. (A) ★★★
訳 先週、我々は機械の中の装置を取り外さずに装置を掃除してもらうために電子機器修理工に来てもらった。

解説 代名詞の問題です。空所に入れるべき代名詞は、some equipmentを受けるものであるべきです。いくらsomeがついていても、equipment（装置、機器）は不可算名詞なので、それを受けるのはitとなります。

語句 □electronics 電子機器　□repairman 修理作業員　□remove ～を取り除く、取り外す

12. (D) ★★
訳 ブレイナードさんは、他の芸術家との共同作業において、自分がかなり困難な立場に置かれていることが分かった。

解説 代名詞の問題です。Ms. Brainardは自分自身が難しい立場にあることが分かったわけなので、空所には再帰代名詞のherselfを入れるのが適切です。find oneself ～（自分が～だと分かる）の形に慣れておきましょう。

語句 □collaboration 協力、協調、提携　□rather かなり、随分

Unit 5

113

13. Please provide the name, mailing address, and telephone number of the person to ------ correspondence should be directed.
(A) what
(B) where
(C) whom
(D) whose

14. Total paper use in all branches of our company is about 60 tons per year, which is about ------- weight as 10 African male elephants.
(A) as
(B) more
(C) so
(D) the same

15. Each of ------- participated in a two-day training workshop on administration and production.
(A) a representative
(B) representatives
(C) the representative
(D) the representatives

16. During her ------- business trips to China, Ms. Leroy became keenly interested in traditional Chinese art.
(A) a lot
(B) lots
(C) many
(D) much

関係詞・代名詞・副詞・形容詞・比較の攻略

13. (C) ★★★
訳 通信を送られるべき人の名前、郵送先住所、電話番号をお知らせ下さい。

解説 関係詞の問題です。空所の前に前置詞のtoがあります。correspondence should be directed to ～（通信が～に送られるべき）と考えると同時に、the personが先行詞であることが分かれば、空所には先行詞が「人」の場合の目的格であるwhomを入れるべきだと分かります。この英文のdirectedは、sentと考えると分かりやすいでしょう。

語句 □mailing address 郵送先住所　□correspondence 通信　□direct ～を向ける

14. (D) ★★★
訳 当社の全支店で使用される紙は年間約60トンであり、それは10頭の雄のアフリカ象と同じくらいの重さである。

解説 比較の問題です。〈the same A as B〉（Bと同じA）を覚えておきましょう。Aの部分に名詞のweightが来ていることに注意しましょう。みなさんの中には(A)のasでもよいのではないかと考える人もいるかもしれません。しかし、as ～ asの間には名詞は入らないのです。よって、正解は(D)となります。

語句 □branch 支店　□ton トン　□per ～につき　□male 雄の

15. (D) ★★
訳 営業担当者はそれぞれ、管理と生産に関する2日間の研修会に参加した。

解説 代名詞の問題です。代名詞のeach ofの後に名詞が続く場合は、〈the + 複数名詞〉の形になりますので、(D)が正解です。Each of the representativeの代わりに、Each representativeとすることも可能です。

語句 □representative 営業担当者、販売代理人　□participate in ～ ～に参加する
□training workshop 研修会　□administration 管理、運営　□production 生産、製造

16. (C) ★
訳 リロイさんは中国に何度も出張に行っている間に、伝統的な中国美術に強い興味を持つようになった。

解説 形容詞の問題です。空所の直後のbusiness trips（複数名詞）を修飾するのに、適切なのは(C)のmanyだけです。通常はmany=a lot of=lots ofと覚えているので、すぐに、(A)と(B)は誤答と判断できるはずです。ただし、仮に(A)と(B)をa lot of、lots ofに変えたとしても、この英文の場合は空所の直前に代名詞のherが来ているため、これらをherとつなげることはできないことも覚えておきましょう。

語句 □keenly 激しく　□traditional 伝統的な

17. The Crown Corporation is offering new job opportunities to ------- who are interested in pursuing a career in the tourism industry.
(A) it
(B) one
(C) that
(D) those

Ⓐ Ⓑ Ⓒ Ⓓ

18. About five years ago Mr. Meyers and Mr. Oliver were introduced to ------- other by a mutual friend, and have since become good business partners.
(A) any
(B) each
(C) one
(D) with

Ⓐ Ⓑ Ⓒ Ⓓ

19. Environmental scientists have recently discovered a much ------- method to remove mercury from contaminated soil.
(A) easier
(B) easiest
(C) easy
(D) more easy

Ⓐ Ⓑ Ⓒ Ⓓ

20. Three days have passed since the accident took place, but ------- official comments have been made by the organization as of yet.
(A) any
(B) no
(C) not
(D) none

Ⓐ Ⓑ Ⓒ Ⓓ

関係詞・代名詞・副詞・形容詞・比較の攻略

17. (D) ★★
訳 クラウン・コーポレーションは、観光産業に職を求めている人たちに新たな雇用機会を提供しています。

解説 代名詞の問題です。空所の直後のwho are interested in ~（~に興味を持っている）のwhoの部分に着目します。those who ~は「~する人々」の意味で「人」に用います。よって、(D)が正解です。対照的に、that which ~は「~するもの・こと」（= what）の意味で「物」に用いることも覚えておきましょう。

語句 □job opportunity 雇用機会　□pursue ~を求める　□career 職業
□tourism industry 観光産業

18. (B) ★★
訳 約5年前にマイヤーズさんとオリヴァーさんは共通の友人から紹介され、それ以来よき仕事のパートナーとなった。

解説 代名詞の問題です。2人の間で「お互いに」ということなので、each otherとなります。よって、(B)が正解です。each otherはTOEIC最頻出熟語の1つです。3人以上の場合は、one anotherが用いられますが、最近はそのような区別をしないで使うことが多くなってきました。

語句 □mutual friend 共通の友達　□business partner 仕事のパートナー

19. (A) ★★★
訳 環境科学者は最近、汚染土壌から水銀を取り除くずっと簡単な方法を発見した。

解説 比較に関する問題です。空所の前のmuchは、farと同じく、比較級の前につけて強調する語です。よって、空所には比較級を入れればよいことが分かりますので、正解は(A)のeasierです。(C)のeasyは、もしmuchの代わりにveryが用いられている場合には、使用可能です。(D)のmore easyとは言えません。more betterと言えないのと同じですね。

語句 □environmental 環境の、環境保護の　□discover ~を発見する　□remove ~を取り除く　□mercury 水銀　□contaminated 汚染された　□soil 土壌

20. (B) ★★
訳 その事故が起きて3日経ったが、今のところその機関からは正式な声明は出ていない。

解説 形容詞の問題です。空所の直後に複数名詞のofficial commentsがあります。よって、空所には形容詞の(A) anyか(B) noのいずれしか来ないことが分かりますが、文末の副詞句as of yetのyetで分かるように、but以下は否定文になるはずです。よって、空所には否定を表す形容詞のno（どんな~もない）を入れるのが適切です。no official comments have been madeはany official comments have not been madeと書き換えることも可能です。no=not anyと覚えておきましょう。

語句 □take place 起こる　□official comment 正式な発表、公式声明　□organization 機関、団体　□as of yet まだ今のところ

21. Mr. Barwick is regarded as an outstanding project manager ------- immediate subordinates are all loyal, responsible and competent.
    (A) that
    (B) which
    (C) who
    (D) whose

22. With the protracted economic recession, ------- job opportunities are available today than in the past.
    (A) few
    (B) fewer
    (C) less
    (D) little

23. If you have ------- sent your payment, please disregard this notice and accept our thanks.
    (A) ago
    (B) already
    (C) still
    (D) yet

24. Of all the qualified applicants, Mr. Sweeney was the ------- experienced and knowledgeable about the local market.
    (A) by far
    (B) more
    (C) most
    (D) much

関係詞・代名詞・副詞・形容詞・比較の攻略

21. (D) ★★
訳 バーウィック氏は、直属の部下が皆、忠実で責任があり信頼できる者である優れたプロジェクト・マネージャーと見なされている。

解説 関係詞の問題です。先行詞は空所の直前のan outstanding project manager（優秀なプロジェクト・マネージャー）です。そのimmediate subordinatesがare all ～ということなので、空所には先行詞が「人」の場合の所有格であるwhoseを入れます。

語句 □regard A as B AをBと見なす　□outstanding 優れた　□immediate subordinate 直属の部下　□loyal 忠実な　□competent 有能な

22. (B) ★★
訳 長引く景気後退の中で、今日はこれまでよりも仕事のチャンスが少なくなっている。

解説 比較の問題です。まず、文末のthan in the pastのthanに注目です。これにより、空所には比較級が入ることが分かります。空所の直後には、複数可算名詞のjob opportunities（就職の機会）が来ているので、それを修飾できるのは(B)のfewerです。(C)のlessはlittleの比較級ですから、不可算名詞の単数形を修飾するわけですね。

語句 □protracted 長引く　□economic recession 景気後退、不景気　□available 得られる、入手できる　□in the past これまで、従来

23. (B) ★★
訳 もしすでにお支払い頂いている場合は、この通知を無視して下さいませ。感謝申し上げます。
(A) 副 (今から) ～前に　(B) 副 もう (～した)　(C) 副 まだ　(D) 副 まだ (～しない)

解説 副詞の問題です。この英文は仮定法ではありません。単なる条件を示す直接法であり、if節の動詞が現在完了になっているだけです。if節は「すでに支払いを済ませているのであれば」という意味であり、肯定文です。よって、(A)～(D)の副詞のうち、適切なのは(B)となります。(D)のyetは肯定文では用いられません。

語句 □disregard ～を無視する　□notice 通知　□accept ～を受け取る

24. (C) ★★★
訳 資格のあるすべての応募者の中で、スウィーニーさんが地場市場について最も経験豊かで知識も豊富だった。

解説 比較の問題です。文頭にOf all the qualified applicants,（資格のあるすべての応募者の中で）とあります。この副詞句（つまり、〈of + 複数名詞〉）から、この英文は最上級であると判断できます。空所の直前のtheも正解の大きなヒントです。よって、正解は(C)のmostです。(A)のby farと(D)のmuchはどちらも「断然」の意味で、最上級を強める語句です。後ろに最上級がない限り、これらを用いることはできません。

語句 □qualified 資格のある　□applicant 応募者　□experienced 経験豊かな　□knowledgeable 知識の豊富な　□local market 地場市場、地方市場

25. At this point we simply do not have ------- information to understand the complexity of security management.
    (A) enough
    (B) few
    (C) little
    (D) no

26. The first training session of the day ended at 12:30 P.M., ------- Mr. Olson finally arrived after being held up in a massive traffic jam.
    (A) how
    (B) when
    (C) where
    (D) why

27. After careful examination, Mr. Suzuki found out that ------- of the companies closely matched his career expectations.
    (A) any
    (B) none
    (C) nothing
    (D) other

28. Your reservation must be canceled at least 48 hours before the arrival date; ------- you will be charged for the first night on your credit card.
    (A) hence
    (B) nevertheless
    (C) otherwise
    (D) yet

25. (A) ★★★

訳 現段階では、我々はセキュリティー管理の複雑性を理解するのに十分な情報をまったく有していない。

解説 形容詞の問題です。空所の直後のinformationは不可算名詞なので、(B) fewはまず消去できます。また、空所の前にdo notのnot（否定語）があるため、否定を表す(C) little（ほとんど～ない）と(D) no（まったく～ない）も不適切です。(A)のenough（十分な）は可算名詞、不可算名詞のどちらをも修飾する形容詞なので、これが正解となります。simplyは否定語の前に置くと「まったく、全然」という意味になります。

語句 □complexity 複雑さ、複雑性　□security management セキュリティー管理

26. (B) ★★

訳 その日に開かれた最初の研修会は午後12時30分に終了したが、その時オルソンさんはひどい交通渋滞に巻き込まれた後やっと到着した。

解説 関係詞の問題です。先行詞は12:30 P.M.です。時を表す関係副詞は、(B)のwhenですね。ここでは、whenが非制限用法として用いられています。この場合のwhenは、and thenの意味で解釈するとよいでしょう。

語句 □training session 研修会、講習会　□finally 遂に、ようやく　□*be* held up 足止めを食らう、立ち往生する　□massive 大規模な　□traffic jam 交通渋滞

27. (B) ★★

訳 じっくりと検討した後で、鈴木さんはそれらの会社のどれもが自分の持つキャリアへの期待にはぴったりと合っていないことが分かった。

解説 代名詞の問題です。意味上、すぐに(B)が正解だと分かりますね。「物・人」の存在や有無について「1つも～ない」と言う場合には、none of ～を用いるわけです。(B)以外の選択肢は、空所の直後のof the companiesとうまく結びつきません。

語句 □careful 入念な、慎重な　□examination 検討、吟味　□find out ～ ～を知る、発見する　□closely 厳密に、しっかりと　□match ～にマッチする、一致する　□career expectation キャリアへの期待

28. (C) ★★★

訳 予約の取り消しは到着日の少なくとも48時間前に行なわれなければなりません。さもなければ、1日目の宿泊代をクレジットカードに請求されてしまいます。
(A) 副 それゆえに　(B) 副 それにもかかわらず　(C) 副 さもなければ　(D) 副 それでも

解説 副詞の問題です。(A)～(D)まですべて接続副詞です。空所前の節と、空所後の節の意味を考えて、それをうまくつなぐことのできるものを選ばなければなりません。適切なのは、(C)のotherwise（さもなければ）だけです。

語句 □reservation 予約　□cancel ～をキャンセルする　□at least 少なくとも　□arrival date 到着日　□charge （～の支払いを）請求する　□credit card クレジットカード

29. The number of Internet fraud cases ------- credit cards are involved has been increasing in recent years.
   (A) in which
   (B) that
   (C) what
   (D) whomever

30. Since it seemed to be a minor mechanical failure in the fax machine, Mr. Sillavan and two of his colleagues tried to fix it by -------.
   (A) himself
   (B) itself
   (C) themselves
   (D) yourselves

関係詞・代名詞・副詞・形容詞・比較の攻略

29. (A) ★★★

訳 近年、クレジットカードに関するインターネット詐欺事件の件数が増加してきた。

解説 関係詞の問題です。be involved in ~（~に関係のある、~に関与している）の表現にすぐに気づかなければなりません。これが分かれば、credit cards are involved in Internet fraud casesが見えてきますね。この英文の先行詞は、Internet fraud cases（インターネット詐欺事件）という「物」ですので、〈前置詞 + which〉の形のin whichにするのが正解です。

語句 □fraud case 詐欺事件　□credit card クレジットカード　□in recent years 近年は、ここ数年は

30. (C) ★★

訳 それはファックスの小さな機械的故障のように思われたので、スィラヴァンさんと彼の2人の同僚は自分たちで修理しようとした。

解説 代名詞の問題です。ファックスの故障を修理しようとしたのは、Mr. Sillavanと彼の同僚2人だったので、by themselvesとなります。

語句 □minor ささいな、大したことのない　□mechanical failure 機械の故障　□fax machine ファックス　□colleague 同僚　□fix ~を修理する

まる覚え！最重要単語

- □ **respective** 形 それぞれの、各自の
  * fulfill their respective duties（それぞれの任務を全うする）
- □ **retail** 形 小売りの * retail sales（小売販売）
- □ **roughly** 副 ざっと、およそ
  * The figure is roughly estimated.（その数字は概算です）
- □ **security** 名 安全、警備、保障
  * go through the security check（手荷物検査を受ける）
- □ **sharply** 副 急激に、大幅に * increase sharply（急激に上がる）
- □ **signature** 名 署名
  * Please endorse your signature.（裏面に署名して下さい）
- □ **significant** 形 著しい、重要な * significant increase（著しい増加）
- □ **skilled** 形 熟練した、腕の立つ * skilled worker（熟練労働者）
- □ **specific** 形 具体的な、特別の * specific purpose（明確な目的）
- □ **steadily** 副 着実に、確実に * grow steadily（着実に成長する）
- □ **stock** 名 株、在庫 * stock acquisition（株式取得）
- □ **submit** 動 〜を提出する
  * submit an application form（応募書類を提出する）
- □ **subtly** 副 微妙に * subtly different（微妙に異なる）
- □ **successive** 形 連続する、一連の
  * for the third successive year（3年連続して）
- □ **sufficient** 形 十分な * sufficient salary（十分な給料）
- □ **surgeon** 名 外科医 * brain surgeon（脳外科医）
- □ **terminate** 動 〜を打ち切る、終了させる
  * terminate a contract（契約を解除する）
- □ **unexpected** 形 予期せぬ、思いがけない
  * unexpected occurrence（不測の事態）
- □ **unlimited** 形 無制限の
  * unlimited access to the Internet（インターネット使い放題）
- □ **unused** 形 未使用の * unused vacation time（休暇の未消化分）
- □ **upcoming** 形 来たる、次回の
  * in the upcoming election（今度の選挙では）
- □ **vested** 形 既得の * vested interest（既得権）
- □ **vital** 形 必要不可欠な
  * play a vital role [part] in business（ビジネスにおいて重要な役割を果たす）
- □ **withdrawal** 名 引き出し、撤回
  * make a cash withdrawal（現金を引き出す）
- □ **workforce** 名 従業員、労働力 * reduce the workforce（人員を削減する）

UNIT 6
接続詞・前置詞 の攻略

接続詞と前置詞を問う問題もPart 5に頻出するので、要注意です。それぞれの基本的な用法と頻出パターンをしっかりとマスターして、練習問題で実践しましょう。パターンさえ覚えれば、ラクに点を稼げる文法問題です。

Unit 6

基本戦略 8　接続詞の基本パターンと頻出用例をマスターしよう！

1 等位接続詞：対等の関係にある語、句、節を結び付けます。

> ●and（そして）●but（しかし）●or（もしくは）●so（だから）など

TOEICでは、等位接続詞に関する問題が時に出題されますが、大抵はandかbutが正解になるような単純な問題しか出ないので、心配はいりません。

2 従位接続詞：主節と従属節を結び付けます。
① **名詞節を導くもの**：以下の3つしかありません。

> ●that（〜ということ）●if／whether（〜かどうか）

- I think that the lock is broken.（その鍵は壊れていると思います）
- I don't know if [whether] the plan will work.
  （そのプランがうまくいくかどうか分かりません）

＊「〜かどうか」という意味を持つifとwhetherは共に名詞節を導く従位接続詞ですが、その名詞節が(1)文の主語または補語の場合や(2)to不定詞と結合する場合は、ifは使えずにwhetherのみが使えることを覚えておきましょう。

② **副詞節を導くもの**：たくさんありますが、基本的な意味だけをチェックしておきましょう。

(1)「時」を表す

> ●when（〜するとき）●while（〜する間）●as（〜するとき、〜しながら）●after（〜した後で）●before（〜する前に）●since（〜して以来）●till／until（〜するまで）●as soon as（〜するとすぐに）●once（いったん〜すると）

(2)「理由」を表す

> ●because（〜なので、〜だから）●as／since（〜なので）●now that（もう〜なので）

(3)「条件」を表す

> ●if（もし〜ならば）●unless（〜でない限り）●as long as（〜さえすれば）

(4)「譲歩」を表す

- **though／although**（〜だけれども） ●**even though**（たとえ〜であっても：thoughを強めたもの） ●**even if**（たとえ〜でも：ifを強めたもの）
- **while**（〜している一方で） ●**however**（たとえどんなに〜しても）

3 相関接続詞：前後2つの要素が組になって使われる接続詞のことを言います。これらは慣用表現としてまる覚えしておきましょう。TOEICのPart 5には必ず出題されます。

- **both A and B**（AもBも両方） ●**either A or B**（AかBのどちらか）
- **neither A nor B**（AもBも〜ない） ●**not only A but (also) B**（AだけでなくBも）
- **not A but B**（AではなくてB） ●**A as well as B**（BはもちろんAも）

例1：**Mr. Borman visited both London ------- Paris last summer.**
（ボーマン氏は昨夏、ロンドンとパリの両方を訪れた）

both A and B（AもBも両方）を覚えておけば、空所の前のbothを見るだけで、空所にandが入ることが瞬時に分かります。

例2：**Please contact me either by phone ------- e-mail.**
（電話かEメールのどちらかでご連絡下さい）

either A or B（AかBのどちらか）を覚えておけば、空所の前のeitherを見るだけで、空所にorが入ることが瞬時に分かります。

4 接続詞か前置詞かを見抜く：Part 5の空所の中に接続詞か前置詞かを判別して正しいものを選ぶ問題は、毎回のように出題されます。重要ポイントは、「直後に文（S＋V）があれば空所には接続詞を、直後に名詞（相当語句）しかなければ前置詞を入れる！」ということです。名詞（相当語句）とは名詞の他、名詞の持つ機能を果たす語句すべてのことを言います。名詞（句）、代名詞、動名詞、名詞節などが代表的な例です。

例：**------- the promised delivery date was May 27, we have not received the shipment yet.**
（約束の納期は5月27日となっておりましたが、その品物をまだ受け取っておりません）

さて、空所に入るのは**Although, Despite**のどちらでしょうか。空所の直後の

the promised delivery date was May 27は節（文）になっています。よって、空所には接続詞のAlthoughを入れるのが正解です。Despiteは前置詞ですね。最も出題頻度の高い選択肢の組み合わせは以下の３つのパターンです。違いをしっかりと頭の中で整理しておきましょう。

- 「～にもかかわらず」：接続詞の**although**／**though**か、それとも前置詞の**despite**／**in spite of**か？
- 「～のため」：接続詞の**because**か、それとも前置詞の**because of**か？
- 「～の間」：接続詞の**while**か、それとも前置詞の**during**か？

基本戦略 ⑨　前置詞の頻出用例をマスターしよう！

1 基本的な前置詞：前置詞は時間、場所、目的、手段、状況などを表します。ここでは、TOEICによく出るものだけを簡単な用例の中で覚えましょう。

- **at** 10 A.M.（午前10時に）
- **on** April 4（4月4日に）
- **for** 15 years（15年間）
- **since** 1989（1989年以来）
- **in** January（1月に）
- **during** his stay in LA（彼がロス滞在中に）
- **within** three hours（3時間以内に）
- **over** the past decade（過去10年の間）
- **from** Monday **to** Friday（月曜日から金曜日まで）
- **in** the park（公園で）
- **on** the grass（芝生で）
- **by** the lake（湖のそばに）
- walk **across** the bridge（橋を歩いて渡る）
- **for** educational purposes（教育のために）
- **under** consideration（考慮中で）
- **by** working part-time（アルバイトをすることによって）
- **through** the Internet（インターネットを通して）

2 間違いやすい前置詞に注意：TOEIC受験者がしばしば混乱してしまうものは次の２つです。

① **by**と**until**：byは「～までに」の意味で動作・状態の完了を、till／untilは「～まで」の意味で動作・状態の継続を表します。
- Finish the work **by** tomorrow.（明日までにその仕事を終えなさい）
- Wait **till** [**until**] tomorrow.（明日まで待ちなさい）

② **beside**と**besides**：besideは「～の横に」の意味、besidesは「～に加えて」（= in addition to ～）の意味の前置詞です。
- **beside** the bed（ベッドの脇に）
- **besides** that（それに加えて）

接続詞・前置詞の攻略

3 **よく出る群前置詞**：2語以上がまとまって1つの前置詞の働きをする語句を群前置詞と言います。以下はTOEICに非常によく出ます。

- according to ～（～によれば）
- as for ～（～に関しては）
- because of ～（～のため）
- by means of ～（～を用いて、介して）
- by way of ～（～を経由して、～の目的で）
- close to ～（～の近くに）
- contrary to ～（～に反して）
- due to ～（～のせいで、～が原因で）
- in addition to ～（～に加えて）
- in case of ～（～の場合は）
- in spite of ～（～にもかかわらず）
- instead of ～（～の代わりに）
- next to ～（～の横に）
- on account of ～（～の理由で）
- prior to ～（～の前に）
- regardless of ～（～にかかわらず）
- thanks to ～（～のおかげで）

4 **重要熟語の中の前置詞**：前置詞は動詞や形容詞と連結してさまざまな熟語を作ります。TOEICには以下のものをはじめ、多くの重要熟語が出題されるので、日頃から1つでも多く熟語を覚えるように心掛けましょう。

- approve of ～（～を承認する）
- *be* based on ～（～に基づいている）
- *be* composed of ～（～から構成されている）
- *be* eligible for ～（～の資格がある）
- *be* familiar with ～（～に精通している）
- *be* responsible for ～（～に責任がある）
- carry out ～（～を実行する）
- come up with ～（～を思い付く）
- compensate for ～（～の埋め合わせをする）
- comply with ～（～に従う）
- consent to ～（～に同意する）
- consist of ～（～から構成されている）
- contribute to ～（～に貢献する）
- cope with ～（～に対処する）
- count on ～（～を当てにする）
- depend on ～（～に依存する）
- dispense with ～（～なしで済ます）
- dispose of ～（～を処分する）
- focus on ～（～に焦点を当てる）
- marvel at ～（～に驚く）
- object to ～（～に反対する）
- participate in ～（～に参加する）
- refrain from ～（～を控える）
- respond to ～（～に答える）
- succeed in ～（～に成功する）
- turn down ～（～を断る）
- yield to ～（～に屈する）

練習問題 Start！

1. The Annex to the Forest Grand Hotel currently ------- construction will be finished by the end of this year.
(A) for
(B) in
(C) on
(D) under

2. Dr. McDaniel received the award representing many scientists who contributed to the study of glyconutrients ------- more than 20 years.
(A) at
(B) for
(C) from
(D) since

3. As an executive assistant, Ms. Phan is ------- efficient that she can get a day's worth of work done in only a few hours.
(A) so
(B) such
(C) too
(D) very

4. For some reason or other, neither Mr. Simon ------- I have received such an annual report to date.
(A) both
(B) but
(C) nor
(D) or

正解・解説

1. (D)

訳 現在建設中のフォレスト・グランドホテルの別館は、年末までに完成するでしょう。

解説 前置詞の問題です。「建設中で、建築中で」は、under constructionと言います。この英文では、under constructionは直前のThe Annex to the Forest Grand Hotelを修飾しています。この表現は、The new hospital is now under construction.（その新しい病院は現在、建設中です）の形でよく用いられます。

語句 □annex 別館　□currently 現在、目下

2. (B)

訳 マクダニエル博士は、20年以上もの間、糖質栄養素の研究に貢献した多くの科学者を代表して、その賞を受賞した。
(A) 前 ～において　(B) 前 ～の間　(C) 前 ～から　(D) 前 ～以降

解説 前置詞の問題です。関係代名詞のwho以下を見ると、「the study of glyconutrients（糖質栄養素の研究）に20年以上貢献した」という意味になることが推測できます。よって、空所には「期間」を表す前置詞forを入れます。

語句 □award 賞　□represent ～を代表する　□contribute to ～ ～に貢献する
□study 研究　□glyconutrient 糖質栄養素

3. (A)

訳 役員秘書としてファンさんはあまりにも有能なので、1日分の仕事量をほんの数時間のうちに片付けてしまう。

解説 接続詞の問題です。efficientの直後のthatに注目して下さい。形容詞efficient（有能な）の前に何を入れるかということですから、〈so + 形容詞／副詞 + that ～〉（あまりにも…なので～だ）の構文を用いるとよいですね。

語句 □executive assistant 役員秘書　□efficient 有能な、効率の良い　□a day's worth of ～ 1日分の～

4. (C)

訳 なぜかサイモンさんも私もそのような年次報告書を現在までまだ受け取っていません。
(A) 接 両方とも　(B) 接 しかし　(C) 接 ～もまた～ない　(D) 接 または

解説 接続詞の問題です。文中にneitherがあれば、瞬間的に空所にはnorが来ると分かる人にとっては、これは1秒問題です。〈neither A nor B〉は「AもBも～でない」の意味でしたね。

語句 □for some reason (or other) なぜか　□annual report 年次報告書、年報
□to date 現在までのところ

5. The interviewer asked Mr. Kwan only a few easy open-ended questions, ------- the interview ended sooner than expected.
   (A) although
   (B) as
   (C) so
   (D) until

   Ⓐ Ⓑ Ⓒ Ⓓ

6. Any new item that is faulty will be replaced or refunded ------- it is returned within 30 days of purchase.
   (A) because
   (B) for
   (C) if
   (D) why

   Ⓐ Ⓑ Ⓒ Ⓓ

7. Mr. Chang's flight for Tokyo leaves LA at 11:35 A.M. tomorrow, ------- he needs to arrive at the airport about two hours in advance.
   (A) but
   (B) from
   (C) that
   (D) until

   Ⓐ Ⓑ Ⓒ Ⓓ

8. Please note that no person under 18 years of age will be admitted ------- accompanied by an adult.
   (A) because
   (B) once
   (C) unless
   (D) whether

   Ⓐ Ⓑ Ⓒ Ⓓ

接続詞・前置詞の攻略

5. (C) ★★
訳 面接担当者はクワンさんに自由に回答のできる簡単な質問をほんの数個しただけだったので、面接は思ったよりも早く終わった。
(A) 接 ～だけれども　(B) 接 ～なので、～する時　(C) 接 だから、その結果　(D) 接 ～するまで

解説 接続詞の問題です。コンマの前後はどちらも節になっています。文意から判断して、空所には「だから」という結果の意味を表す等位接続詞の(C) so を入れるのが適切です。この英文のように空所の前にコンマがある場合には、soの代わりに、and so や so that を用いることも可能です。

語句 □interviewer 面接担当官　□open-ended question 自由回答式の質問

6. (C) ★★
訳 欠陥のある新商品はどれも、購入後30日以内に返品いただけますと、交換あるいは返金いたします。
(A) 接 ～なので　(B) 前 ～のため　(C) 接 もし～なら　(D) 副 なぜ

解説 接続詞の問題です。空所の前後はどちらも節になっているので、空所には接続詞を入れればよいと検討がつきます。「商品が届いてから30日以内に返品すれば」と考えれば、(C)のif（もし～すれば）が正解だと分かります。

語句 □item 品　□faulty 欠陥のある　□replace ～を交換する　□refund ～を払い戻す　□purchase 購入

7. (A) ★
訳 チャンさんの東京行きの便は明日ロサンゼルスを午前11時35分に出発するが、空港には約2時間前に着いておく必要がある。
(A) 接 しかし　(B) 前 ～から　(C) 接 ～ということ　(D) 前 ～まで

解説 接続詞の問題です。コンマの前後はどちらも節になっています。文意から判断して、空所には「だが、しかし」という対立の意味を表す等位接続詞の(A) but を入れるのが適切です。

語句 □flight 航空便　□LA ロサンゼルス（Los Angelesの略）　□in advance 前もって

8. (C) ★★★
訳 18歳未満の人は大人と同伴でない場合、入場はできませんのでご注意下さい。
(A) 接 ～なので　(B) 接 いったん～すると　(C) 接 ～でない限り　(D) 接 ～かどうか

解説 接続詞の問題です。空所の直後に過去分詞のaccompaniedがあることに注目して下さい。(A)～(D)の選択肢のうち、過去分詞の前に置くことのできる接続詞は、(B) once と(C) unless です。また、文意を考えると、(C)の unless（～でない限り）が正解だと判断できます。

語句 □Please note ～ ～にご注意下さい、ご留意下さい　□admit ～に入場を許す　□accompany ～に同伴する

9. ------- parking space is limited and traffic is heavy in this county, the number of carpoolers has been steadily increasing.
   (A) Because of
   (B) Before
   (C) Since
   (D) So

10. Flights are sometimes delayed or canceled ------- bad weather or mechanical problems.
    (A) due to
    (B) in case
    (C) instead of
    (D) whenever

11. ------- our new building project will materialize or not seems to depend on a number of factors.
    (A) As
    (B) If
    (C) Though
    (D) Whether

12. The operation of the information storage system has been changed drastically ------- last May.
    (A) by
    (B) for
    (C) until
    (D) since

接続詞・前置詞の攻略

9. (C) ★★
訳 この郡では駐車スペースが限られており、交通量が多いので、自動車の相乗り利用者数は着実に増え続けている。
(A) 前 〜のために　(B) 接 〜する前に　(C) 接 〜なので　(D) 接 〜するように

解説 接続詞の問題です。コンマの前後がどちらも節になっています。ということは、空所には2つの節をつなげることのできる接続詞を入れるべきです。(D)のSoは文頭に持ってくることはできません。そこで、(B)か(C)ということになりますが、文意を考えると、理由を表す接続詞の(C) Sinceが正解だと分かります。

語句 □parking space 駐車スペース　□limited 限られた　□traffic 交通量　□county〈米〉郡　□carpooler 自動車の相乗り利用者　□steadily 着実に、徐々に

10. (A) ★★
訳 航空機は時に、悪天候や機械系統の故障のため、遅れたり欠航となったりする。
(A) 前 〜が原因で、〜のせいで　(B) 接 〜する場合に備えて　(C) 前 〜の代わりに
(D) 接 〜するときはいつでも

解説 前置詞の問題です。空所の直後にbad weather or mechanical failureという名詞句が来ているので、空所には前置詞を入れる必要があります。(A)と(C)はどちらも群前置詞ですが、意味上適切なのは、(A)のdue to（〜のため）です。due to 〜は、because of 〜と同じ意味です。(C)のin caseは後ろにthat節を取ります。

語句 □flight 航空機、航空便　□delay 〜を遅らせる　□mechanical problem 機械のトラブル

11. (D) ★★★
訳 我々の新しい建設プロジェクトが実現するかどうかは、多くの要因に左右されるようだ。
(A) 接 〜なので　(B) 接 もし、〜かどうか　(C) 接 〜だけれども　(D) 接 〜かどうか

解説 接続詞の問題です。主部は文頭からor notまでです。ifもwhetherも共に「〜かどうか」という意味を持つ従位接続詞で、主語の目的語にはなり得ますが、この問題のように主語になる場合には、whetherの方しか使えません。よって、(D)が正解となります。

語句 □materialize 実現する、具体化する　□depend on 〜 〜次第である　□a number of 〜 多くの〜　□factor 要因

12. (D) ★
訳 情報記憶システムの操作は昨年の5月以降大幅に変わりました。
(A) 前 〜までに　(B) 前 〜の間　(C) 前 〜まで　(D) 前 〜以降

解説 前置詞の問題です。has been changed（受動態の現在完了形）の部分に注目します。空所には「〜以降」の意味を表す前置詞の(D) sinceを入れると、文意が通じます。

語句 □operation 操作、稼働　□information storage system 情報記憶システム　□drastically 大々的に、抜本的に

135

13. ------- the fact that they have no idea where the country's economy is headed, they are quite optimistic about it.
    (A) Although
    (B) Because
    (C) Despite
    (D) Except

    Ⓐ Ⓑ Ⓒ Ⓓ

14. Mr. Harrison was formerly a corporate vice-president in charge ------- distribution at Singapore Technologies Electronics.
    (A) for
    (B) into
    (C) of
    (D) with

    Ⓐ Ⓑ Ⓒ Ⓓ

15. The advertising expenses alone for High Power Inc. ------- the past five years have nearly doubled.
    (A) by
    (B) over
    (C) since
    (D) until

    Ⓐ Ⓑ Ⓒ Ⓓ

16. ------- you understand the following basic rules of procedure, you will be able to accomplish the task readily.
    (A) However
    (B) Once
    (C) Soon
    (D) Whereas

    Ⓐ Ⓑ Ⓒ Ⓓ

13. (C) ★★★
訳 国の経済がどの方向に向かっているのか分かっていないにもかかわらず、彼らはそれについてかなり楽観的だ。
(A) 接 〜だけども　(B) 接 〜なので　(C) 前 〜にもかかわらず　(D) 前 〜を除いて

解説 前置詞の問題です。空所の直後にthe fact that 〜（〜という事実）があります。これは同格のthat節を従える名詞（つまり名詞相当語句）なので、空所には接続詞ではなく、前置詞が来るはずです。前置詞は(C)と(D)ですが、意味上適切なのは、Despite（〜にかかわらず）の方です。despite the fact that 〜の形でよく出題されます。さらに、〈despite = in spite of 〜〉と覚えておきましょう。

語句 □be headed（〜の方向に）向かっている　□optimistic 楽観的な

14. (C) ★★
訳 ハリソン氏はかつてシンガポール・テクノロジーズ・エレクロニクス社の流通部門を担当する副社長だった。

解説 前置詞の問題です。in charge of 〜は「〜を担当して、管理して、〜の責任を負って」の意味で、TOEIC最頻出熟語の1つです。前置詞に気をつけて、きっちりと覚えておきましょう。

語句 □formerly かつては、以前は　□corporate vice-president 本社副社長　□distribution 流通、販売

15. (B) ★
訳 ハイパワー社では、ここ5年間で広告宣伝費だけでもほぼ2倍に膨れ上がった。
(A) 前 〜までに　(B) 前 〜にわたって　(C) 前 〜以降　(D) 前 〜まで

解説 前置詞の問題です。the past five years（過去5年）の後に、have doubled（現在完了形）が来ているので、ここは期間を表す(B) over（〜の間にわたって）を空所に入れるのが正解です。overの代わりに、forを使うことも可能です。

語句 □advertising expense 広告費、宣伝費　□alone 単に、単独で　□nearly ほぼ、大体　□double 2倍になる

16. (B) ★★★
訳 いったん次の基本的な手続き規則が理解できれば、その仕事を簡単に成し遂げることができるでしょう。
(A) 副 どんなに〜しても　(B) 接 いったん〜すると　(C) 副 すぐに、間もなく
(D) 接 〜であるのに対して

解説 接続詞の問題です。コンマの前後は、どちらも節になっています。そこで空所には接続詞を入れるわけですが、意味を考えると、once（いったん〜すると）が適切だと分かります。

語句 □procedure 手続き　□accomplish 〜を成し遂げる、完成する　□task 仕事、課題、任務　□readily 簡単に

17. You are required to wash your hands ------- touching any electrical device in the lab area.
    (A) before
    (B) from
    (C) through
    (D) until

    Ⓐ Ⓑ Ⓒ Ⓓ

18. Mr. Fernandez went to Hawaii not only to attend the daylong business seminar, ------- also to enjoy marine sports over the weekend.
    (A) and
    (B) but
    (C) nor
    (D) while

    Ⓐ Ⓑ Ⓒ Ⓓ

19. ------- the proposal for this project seems realistic, it must be reviewed and approved by executive management.
    (A) Although
    (B) But
    (C) Even
    (D) Nevertheless

    Ⓐ Ⓑ Ⓒ Ⓓ

20. It is increasingly obvious that environmental issues are facing ------- developed and developing countries.
    (A) both
    (B) either
    (C) neither
    (D) whether

    Ⓐ Ⓑ Ⓒ Ⓓ

17. (A) ⭐

訳 実験室エリアではいかなる電気装置にも触れる前に、必ず手を洗って下さい。

(A) 前 ～の前に　(B) 前 ～から　(C) 前 ～の間中、～を介して　(D) 前 ～まで

解説 前置詞の問題です。(A)～(D)までの前置詞のうち、文意に合うものは(A)のbefore (～前に) だけです。空所の直後のtouchingは動名詞です。

語句 □require ～を要求する、求める　□electrical 電気に関する　□device 装置、機器　□lab 実験室、研究室

18. (B) ⭐⭐

訳 フェルナンデスさんがハワイに行ったのは、丸1日行なわれるビジネスセミナーに出席するためだけでなく、週末にかけてマリンスポーツを楽しむためだった。

(A) 接 および～　(B) 接 しかし　(C) 接 ～もまた～ない　(D) 接 ～だが一方

解説 接続詞の問題です。相関的に使われる等位接続詞のnot only A but (also) Bは「AだけでなくBも」の意味を表します。

語句 □attend ～に出席する　□daylong 1日中続く　□business seminar ビジネスセミナー　□marine sport マリンスポーツ

19. (A) ⭐⭐

訳 このプロジェクトに対してその企画案は現実的に思えるが、それは経営トップにより審査・承認されなければならない。

(A) 接 ～だけども　(B) 接 しかし　(C) 副 ～さえ　(D) 副 それにもかかわらず

解説 接続詞の問題です。単語の日本語訳だけを考えると一瞬、(B)のButや(D)のNeverthelessも正解に見えるかもしれませんが、これらは文頭に置いて節と節をつなぐ働きを持っていません。(A)の従位接続詞Althoughが正解です。(C)はEven though (たとえ～でも) にすれば、正解に成り得ます。

語句 □proposal 企画、企画案　□realistic 現実的な、実際的な　□review ～を審査する、見直す　□approve ～を承認する　□executive management 経営管理者、最高管理職

20. (A) ⭐⭐

訳 先進国、発展途上国の両方が環境問題に直面していることは、ますます明らかになっている。

(A) 接 両方とも　(B) 接 ～かまたは　(C) 接 ～もまた～ない　(D) 接 ～かどうか

解説 接続詞の問題です。〈both A and B〉(AもBも) は相関的に使われる等位接続詞でしたね。よって、both developed and developing countriesは「先進国も発展途上国も」の意味になります。developedの直後にはcountriesが省略されているわけです。

語句 □increasingly ますます　□obvious 明らかな　□environmental issue 環境問題　□face ～に直面する

21. The new novel by Timothy Stanton will be available at all major bookstores ------- another two weeks.
    (A) after
    (B) for
    (C) in
    (D) since

22. Under the circumstances, the pharmaceutical company needs to either take drastic steps to survive ------- file for bankruptcy.
    (A) and
    (B) but
    (C) for
    (D) or

23. Mr. Wagner worked in London as a graphic designer ------- his retirement two years ago.
    (A) by
    (B) in
    (C) of
    (D) until

24. ------- their defective products, Gates Corporation has recently received numerous complaints from customers.
    (A) Aside from
    (B) Because of
    (C) Every time
    (D) Under

接続詞・前置詞の攻略

21. (C) ★★★
訳 ティモシー・スタントンの新しい小説はあと2週間すれば、すべての大手書店で購入できます。
(A) 前 〜の後に　(B) 前 〜の間　(C) 前 〜して、〜かかって　(D) 前 〜以降

解説 前置詞の問題です。will beから分かるように未来のことを指し、「あと2週間で」と言っているので、(C)のinが正解です。inは未来に、(A)のafterは過去に用います。次の英文を比較して覚えておきましょう。He will come back in two hours.（彼は2時間後に戻って来ます）He came back after two hours.（彼は2時間後に戻ってきました）

語句 □novel 小説　□available 入手可能な　□major 主要な、大手の　□bookstore 書店　□another 〈数詞の前で〉さらに〜の

22. (D) ★★
訳 現在の状況下では、その製薬会社に必要なのは生き延びるために思い切った措置を取るか、破産申請をするかのどちらかだ。
(A) 接 および〜　(B) 接 しかし　(C) 前 〜のために　(D) 接 もしくは

解説 接続詞の問題です。〈either A or B〉で「AかBのどちらか」の意味になるので、(D)のorが正解です。fileの前にneeds toのtoが省略されていると考えて下さい。

語句 □under the circumstances この状況下では　□pharmaceutical company 製薬会社　□take drastic steps 思い切った措置を取る　□survive 生き延びる、生き残る　□file for bankruptcy 破産申請する、破産申し立てをする

23. (D) ★★
訳 ワグナーさんは2年前に退職するまでロンドンでグラフィックデザイナーとして働いた。
(A) 前 〜までに　(B) 前 〜かかって　(C) 前 〜の　(D) 前 〜まで

解説 前置詞の問題です。「2年前に彼が退職するまで」という意味が推測できるので、(D)のuntil（〜まで）が正解です。(A)のby（〜までに）は期限を表しますが、until（= till）は「〜まで（ずっと）」の意味で継続を表します。

語句 □graphic designer グラフィックデザイナー　□retirement 退職感

24. (B) ★★
訳 欠陥商品のせいで、ゲイツ・コーポレーションは最近顧客から多くの苦情を受けている。
(A) 前 〜の他に　(B) 前 〜のせいで　(C) 接 〜するたびに　(D) 前 〜の下に

解説 前置詞の問題です。空所の直後にはtheir defective products（彼らの欠陥商品）という名詞句があるので、空所には前置詞が入ります。あとは、意味を考えてみて適切なものを選べばよいわけです。(B)のBecause of（〜のせいで）が正解となります。

語句 □defective 欠陥のある　□recently 最近　□numerous 多数の、数々の　□complaint 苦情、クレーム　□customer 顧客

Unit 6

25. ------- the renowned keynote speaker finished his speech on stage, the audience gave him a standing ovation.
    (A) During
    (B) From
    (C) Unless
    (D) When

26. Apple Inn Hotel is conveniently located downtown ------- to restaurants, shopping, and entertainment.
    (A) by
    (B) beside
    (C) close
    (D) near

27. Visitors are allowed to observe the assembly line in operation ------- the first week of every month.
    (A) across
    (B) along
    (C) throughout
    (D) within

28. As Mr. Wong noticed that I was discouraged by making repeated mistakes, he patted me kindly ------- the shoulder.
    (A) at
    (B) by
    (C) in
    (D) on

接続詞・前置詞の攻略

25. (D) ★★
訳 その著名な基調講演者がステージでスピーチを終了した時、観客は総立ちで拍手を送った。
(A) 前 〜の間ずっと　(B) 前 〜から　(C) 接 〜でない限り　(D) 接 〜する時に

解説 接続詞の問題です。空所からコンマまでは節になっているので、空所には接続詞が来るはずだと考えます。意味を考えてもすぐに正解が(D)のWhenだと分かりますが、それ以前にduringとfromは前置詞なので節ではなく、句しか続かないことを覚えておく必要があります。

語句 □renowned 著名な、有名な　□keynote speaker 基調講演者　□give someone a standing ovation 総立ちで〜に拍手を送る

26. (C) ★★
訳 アップル・イン・ホテルは、レストラン、買い物、娯楽施設に近い繁華街にあり、立地条件がよい。
(A) 前 〜そばに、〜の近くに　(B) 前 〜のそばに、〜の傍らに　(C) 前〈+ to〉〜の近くに
(D) 前 〜の近くに

解説 前置詞の問題です。(A)〜(D)の選択肢は意味だけを考えるとどれも空所に入れることができそうですが、toとつながるのは(C)のcloseだけで、これが正解です。close to 〜は「〜に近い、〜の近くに」(= near) の意味の群前置詞です。

語句 □conveniently 都合よく、便利に

27. (C) ★★
訳 訪問者は毎月の第1週目には、稼働中の組立てラインを見物することができる。
(A) 前 〜を横切って　(B) 前 〜に沿って　(C) 前 〜の間じゅう　(D) 前 〜以内に

解説 前置詞の問題です。空所の直後のthe first week of every month（毎月の第1週）に意味的につながるのは、(C)のthroughoutです。この場合は「時間」に用いられているので「〜の間じゅう」の意味となります。throughoutは「場所」にも用いられ、「〜の至る所に」の意味も持っている前置詞です。throughout the nation（全国各地で）やthroughout the region（その地域全体で）などの用例にも慣れておきましょう。

語句 □visitor 見学者、観光客　□allow 〜を許可する　□observe 〜を見学する、観察する　□assembly line 組立ライン　□in operation 操作中で、稼働中で

28. (D) ★★★
訳 ウォンさんは私がミスを繰り返して落ち込んでいた時に、優しく肩を軽く叩いた。

解説 前置詞の問題です。〈pat + 人 + on the shoulder〉（人の肩を軽くたたく）は、人を励ます時によく行なう動作です。shoulder（肩）の代わりに、back（背中）を用いることも可能です。

語句 □be discouraged 落胆する、気を落とす　□repeated 度重なる　□kindly 優しく

Unit 6

29. ------- recent technological developments, the quality of the television screen has improved enormously.
   (A) In spite of
   (B) Thanks to
   (D) Yet
   (D) Wherever

   Ⓐ Ⓑ Ⓒ Ⓓ

30. Mr. Arora was offered a special vacation package at ------- short notice that his tight schedule did not permit him to accept it.
   (A) by
   (B) so
   (C) such
   (D) very

   Ⓐ Ⓑ Ⓒ Ⓓ

29. (B) ★★

訳 最近の技術進歩のおかげで、テレビスクリーンの画質は非常に良くなってきた。
(A) 前 〜にもかかわらず　(B) 前 〜のおかげで、〜の結果　(C) 接 けれども　(D) 接 どこで〜しても

解説 前置詞の問題です。空所の直後には、名詞句の recent technological developments（最近の技術進歩）が来ているので、空所には前置詞が入ることが分かります。となると、(A)か(B)の群前置詞のどちらかということになりますが、文意から判断して、(B)の Thanks to（〜のおかげで）が適切です。

語句 □technological 技術上の　□development 発達、進展　□quality 質、品質　□improve 良くなる　□enormously 非常に、大いに

30. (C) ★★★

訳 アロラ氏は特別休暇旅行をあまりにも突然もらったため、ぎっしり詰まったスケジュールの中、それを受け入れることができなかった。

解説 接続詞の問題です。空所の直後に short notice、またその後に that があります。ここは空所の直後が〈形容詞 + 名詞〉の名詞句になっているので、空所には such を入れます。〈such +（形容詞）+ 名詞 + that 〜〉（あまりにも…なので〜だ）の構文ですね。

語句 □vacation package 休暇旅行　□at short notice 急な通知で、間際になって（= on short notice）　□tight schedule ぎっしり詰まったスケジュール　□permit 〜を許す、可能にする　□accept 〜を受け入れる

まる覚え！最重要熟語

- [ ] **a huge [great, large] number of ～**　非常に多くの～
  - * a huge number of volunteers（大勢のボランティア）
- [ ] **adhere to ～**　～を遵守する、～に従う
  - * adhere to the rules（規則を守る）
- [ ] **apply for ～**　～を申し込む
  - * apply for a housing loan（住宅ローンを申し込む）
- [ ] **as a result of ～**　～の結果として
  - * as a result of the merger（合併の結果として）
- [ ] **as matters stand**　現状では
  - * As matters stand now, we can't compete with them.（今のままでは、我々は彼らに太刀打ちできない）
- [ ] ***be* apt to *do***　～する傾向がある
  - * He is apt to follow others.（彼は他人に追従する傾向がある）
- [ ] ***be* capable of ～**　～することができる
  - * He is capable of handling the problem.（彼ならその問題を処理できます）
- [ ] ***be* composed of ～**　～から成る
  - * The committee is composed of 15 members.（その委員会は15名のメンバーから構成されている）
- [ ] ***be* delighted to *do***　喜んで～する
  - * I'm delighted to hear that ～（～との知らせを聞いて嬉しく思います）
- [ ] ***be* eligible for ～**　～に対して資格がある
  - * You are eligible for the unemployment benefits.（あなたには失業給付を受ける資格があります）
- [ ] ***be* equal to ～**　～に対応できる、～に等しい
  - * I think she is equal to the task.（彼女はその仕事に対応できると思います）
- [ ] ***be* familiar with ～**　～に精通している
  - * He is familiar with computers.（彼はコンピュータに精通している）
- [ ] ***be* indifferent to ～**　～に無関心である
  - * She is indifferent to political affairs.（彼女は政治に無関心である）
- [ ] ***be* projected to *do***　～と予想されている
  - * Employment is projected to grow by 30% this year.（今年は雇用成長が30％と予想されている）
- [ ] ***be* subject to ～**　～の対象となる、～の影響を受けやすい
  - * This schedule is subject to change without notice.（この予定は予告なく変更されることがあります）
- [ ] ***be* supposed to *do***　～することになっている
  - * What am I supposed to do?（私はどうすればいいのでしょうか）

UNIT 7
Part 6 長文読解問題 (Text Completion) の攻略

Part 6は、Part 5の文法・語彙問題を長文形式に応用した問題です。出題傾向と攻略法を学び、速く正確に問題を解答できるようトレーニングを積んでいきましょう。まずは、各英文の主語と述語動詞の部分を見分けられるようになることが重要です。

Unit 7

基本戦略 10　Part 6の出題傾向を知ろう！

　Part 6の長文穴埋め問題（Text Completion）では、3つの空所を含む文書が4つ（計12問）が出題されます。それぞれの空所を適切に埋める選択肢を選ぶ問題です。

　全文を正確に読んでいく必要はありませんので、空所の正解さえ分かればよいという割り切った読み方で攻略して下さい。部分読み、流し読みで解答できる問題がほとんどです。文書は、ビジネスレター、Eメール、メモ、記事が最も多く、その他にも告示（通知）、広告などが出題されます。内容的に難しいものは出題されず、すべては容易に読める英文となっているので安心して下さい。

　12問のうち、8～10問は空所の前後だけ、あるいは空所を含む1文を読むだけで解ける問題です。最も出題頻度の高い「品詞問題」「語彙問題」をはじめ文法問題の多くはこのパターンです。残りの2～4問は、空所を含む1文の前後を合わせて読むことで解答できるようになっています。代表的なパターンとしては、「時制問題」「接続詞問題」「副詞問題」「代名詞問題」などが挙げられます。

　「副詞」の中でも、文と文とを接続する「接続副詞」は特に出題頻度が高いので、しっかりとマスターしておきましょう。

- **also**（その上）　● **besides**（その上）　● **moreover**（その上）　● **then**（それから）
- **however**（しかしながら）　● **nevertheless**（それにもかかわらず）
- **still**（それでもなお）　● **otherwise**（さもないと）　● **therefore**（それゆえに）
- **hence**（したがって）

基本戦略 11　Part 6攻略のコツは、これだ！

1. Part 6の文法・語彙問題は、基本的にPart 5の文法・語彙問題と問われる内容もレベルも同じなので、Part 5の頻出問題をしっかりと学習しておけばなんら怖くありません。

2. Part 6の問題を解く時は、問題文よりも先に3つの空所の前後を読むと同時に、選択肢にざっと目を通すことが大切です。この方法を用いると、たとえ全文を細かく読まなくてもほとんどの問題の正解はすぐに分かります。Part 6の英文はじっくり読まずに、さっと読む！これがポイントです。

3. Part 6の問題は、必ず1問30秒以内で解くようにして下さい。時には少し難しい問題も出題されることもあります。そのような問題については、消去法で対処するのが賢明です。また、30秒以上かかる問題に出くわし、どうしても正解が分からないよう場合には、潔くあきらめて、(A)〜(D)の選択肢のうち1つ好きなものを即座にマークして、次の問題に進んで下さい。

Questions 1-3 refer to the following notice.

Dear Valued Customers:

We are sorry to announce a price increase for all of our products beginning January 1. This is chiefly due to the ------- costs of paper that we are incurring.

    1. (A) raise
        (B) raising
        (C) rise
        (D) rising

Although we have ------- a price raise up until now, we have no

    2. (A) proceeded
        (B) revamped
        (C) suffered
        (D) withheld

other choice but to raise the price by 5-10 percent, depending on the product.

Enclosed you will find a new price list that will become effective at the beginning of next year. Any orders ------- by December 31

    3. (A) place
        (B) placed
        (C) placing
        (D) placement

will be charged at the current price.

We appreciate your understanding of our decision in this matter and your continued patronage.

Sincerely Yours,
Oregon Paper Company

文章の訳 設問1-3は次の通知に関するものです。

大切なお客様へ

残念ながら1月1日をもって、弊社の全製品を値上げすることをお伝え致します。これは弊社が被っている紙の高騰が主たる理由です。

弊社はこれまで値上げを控えて参りましたが、製品によって5％から10％ほど価格を上げざるを得なくなりました。

来年の初めから適用される価格表を同封致します。12月31日までにご注文頂いた製品については現行価格でご請求申し上げます。

本件に関する弊社の決定をご理解頂き、これからも変わらぬお引き立てを賜りますようお願い申し上げます。

敬具
オレゴン製紙

1. (D) ★★

選択肢の訳 (A) 動 ～を上げる　名 昇給　(B) 名 raiseの動名詞：上昇、引き上げ　(C) 動 増加する　名 増加　(D) 形 上昇する、増加する

解説 品詞の問題です。空所の前に冠詞のthe、後に名詞のcostsがあるので、空所には形容詞の(D) rising（上昇する）を入れるのが正解です。the rising costs of paperで「紙の値上がり、紙の高騰」の意味になります。

2. (D) ★★★

選択肢の訳 (A) 動 続行した　(B) 動 ～を改造した、改良した　(C) 動 ～を受ける、負う　(D) 動 ～を差し控える、保留する

解説 語彙の問題です。文意から、これまで（up to now）値上げ（a price raise）をどのようにしてきたかを考えます。正解は、withholdの過去分詞の(D) withheld（～を差し控えた）です。活用（withhold-withheld-withheld）を覚えておきましょう。

3. (B) ★★

解説 分詞の問題です。主部はAny orders ------- by December 31です。空所には、直前にある名詞のAny orders（どのようなご注文）を修飾するものが入るはずです。よって、過去分詞の(B) placedが正解となります。placedをthat are placedと考えると、よく分かりますね。このplacedは名詞の後に置かれ、その前の名詞を修飾する用法（後置用法）です。place an order（注文する）という表現も覚えておきましょう。(D)のplacementは名詞で「配置、就職斡旋」の意味です。

語句 □valued customer 大切な顧客、得意先　□announce ～を発表する、知らせる　□price increase 値上げ　□chiefly 主に　□due to ～ ～が原因で、～のため　□incur ～を受ける、被る　□price raise 値上げ（= 前出のprice increase）　□up until now 今まで　□have no other choice but to *do* ～するより他に仕方がない　□depending on ～ ～により、～に応じて　□enclose ～を同封する（レターの中では、Enclosed you will find ～やEnclosed please find ～などの形でよく使われる）　□price list 価格表　□become effective 有効になる、施行される　□order 注文　□charge ～を請求する　□current price 現行価格　□appreciate ～に感謝する　□continued 継続的な　□patronage 愛顧、支援

Part 6 長文読解問題の攻略

Questions 4-6 refer to the following letter.

Dear Mrs. Vivian Taylor,

I was asked to write a letter on ------- of Ms. Tracy Haworth, one
                4. (A) behalf
                    (B) ground
                    (C) pretense
                    (D) suspicion
of the trainees here in our Ontario office. She began her internship with us three months ago, and just finished it.

Tracy was highly motivated and fluent in French. She handled a wide variety of tasks with ------- and professionalism. She
                5. (A) accuracy
                    (B) accurate
                    (C) accurately
                    (D) more accurate
displayed the utmost respect for leadership. Her demeanor was both polite and courteous. I would, by all -------, recommend her
                6. (A) mean
                    (B) meanings
                    (C) means
                    (D) meant
as an employee who would be a great asset to your organization.

If you have any additional inquires regarding Ms. Haworth, please feel free to contact me anytime.

Yours faithfully,
Leigh Pitterle

文章の訳 設問4-6は次のレターに関するものです。

ヴィヴィアン・テイラー様

ここオンタリオ・オフィスの研修生の1人、トレイシー・ヘイワースさんのために手紙を書くように頼まれました。彼女は3ヵ月前弊社でインターンシップを始め、ちょうど終えたところです。

トレイシーは非常にやる気に満ち、フランス語も流暢でした。彼女はいろいろな仕事に正確さとプロ意識を持って取り組みました。指導者に対して最上の敬意を表しました。彼女の物腰は礼儀正しく、丁寧でした。御社の貴重な戦力となるであろう社員として、私は是非とも彼女を推薦致します。

これ以外にヘイワースさんについてお尋ねになりたいことがあれば、ご遠慮なくいつでもご連絡下さい。

敬具
リー・ピタリー

Part 6 長文読解問題の攻略

4. (A) ★★
選択肢の訳 (A) 名 利益、味方　(B) 名 根拠、理由　(C) 名 口実、見せかけ　(D) 名 容疑

解説 語彙の問題です。この手紙はMs. Tracy Haworthに対する人物評価なので、on behalf of（〜に代わって、〜のために）が正解となります。on 〜 ofを用いた誤答の熟語の意味は、(B) on ground of（〜を根拠に）、(C) on pretense of（〜を口実に）、(D) on suspicion of（〜の疑いで）です。

5. (A) ★
選択肢の訳 (A) 名 正確さ、精度　(B) 形 正確な　(C) 副 正確に　(D) 形 accurateの比較級：より正確な

解説 この品詞の問題です。空所の直前に前置詞があるので、空所には名詞の(A) accuracy（正確さ）が入ります。accuracy and professionalism（正確さとプロ意識）は〈名詞 and 名詞〉という並列になっています。

6. (C) ★★
選択肢の訳 (A) 動 〜を意味する　(B) 名 意味　(C) 名 手段、方法　(D) 動 meanの過去・過去分詞形

解説 語彙の問題です。by all meansは「是非とも、もちろん」の意味の重要熟語です。否定語のby no means（決して〜ではない）と区別して覚えておきましょう。

語句 □trainee 研修生　□internship インターンシップ　□highly 非常に　□motivated やる気のある　□fluent 流暢な、堪能な　□handle 〜を行なう、処理する　□a wide variety of 〜 幅広い〜、いろいろな〜　□task 仕事、職務　□professionalism プロ意識　□display 〜を見せる　□utmost 最大限の　□respect 敬意　□leadership 指導者、指導力　□demeanor 物腰、振る舞い　□polite 礼儀正しい　□courteous 丁寧な　□recommend 〜を推薦する　□asset 貴重な人材、財産　□organization 組織　□additional さらなる　□inquiry 問い合わせ　□regarding 〜に関して　□feel free to *do* 自由に〜する　□anytime いつでも (= at any time)

Questions 7-9 refer to the following e-mail.

To: Ms. Rebecca Hanson
From: Home Furnishings
Subject: Apology
Date: Tuesday, November 8, 10:46 A.M.

We have received your e-mail to the ------- that the bedspread you ordered has not been delivered to your address.

7. (A) degree
   (B) effect
   (C) extent
   (D) fact

As we checked on your order number 721-4018, we found that the bedspread was not sent out to you ------- a mistake caused by an oversight on the part of our Shipping Department.

8. (A) because
   (B) because of
   (C) in spite of
   (D) though

We will send the product out to you as soon as possible. Please expect it in about 3 days.

We apologize for any inconvenience this delay may have caused you. We are enclosing a gift certificate ------- $20.00 toward your next purchase.

9. (A) worth
   (B) worthless
   (C) worthwhile
   (D) worthy

Katy Fox
Customer Service

文章の訳 設問7-9は次のEメールに関するものです。

宛先：レベッカ・ハンソン様
差出人：ホーム・ファーニッシングズ
用件：お詫び
日付：11月8日火曜日　午前10時46分

ご注文頂いたベッドカバーが宛先に届いていないという趣旨のEメールを頂きました。

ご注文番号721-4018を確認しましたところ、当社の発送部門の不注意によるミスでベッドカバーはまだ発送されていないことが判明しました。

できる限り早く製品を発送致します。3日ほどでお届けできると思います。

この遅延によるご不便をお詫び致します。お客様が次のご購入のために使える20ドル相当の商品券を同封致します。

ケイティー・フォックス
お客様サービス係

7. (B) ★★★
選択肢の訳 (A) 名 程度、度合い　(B) 名 趣旨　(C) 名 程度、範囲　(D) 名 事実

解説 語彙の問題です。to the effect that ～（～という旨の）は、TOEIC最頻出熟語の1つです。I received a letter to the effect that ～（私は～という趣旨の手紙を受け取った）やHe said something to the effect that ～（彼は～というような趣旨のことを言った）のように用います。

8. (B) ★★
選択肢の訳 (A) 接 ～なので　(B) 前 ～の理由で、～により　(C) 前 ～にもかかわらず　(D) 接 ～にもかかわらず

解説 前置詞の問題です。空所の後は文ではなく名詞句が続いています。よって、空所には前置詞を入れる必要があります。群前置詞の(B)と(C)のうち、文意を考慮すれば、(B)のbecause of（～の理由で、～により）が正解だと判断できます。(C)のin spite ofは「～にもかかわらず」(= despite) の意味です。(A)と(D)はどちらも接続詞ですね。

9. (A) ★★
選択肢の訳 (A) 前 ～の価値がある、値打ちがある　(B) 形 価値のない　(C) 形 価値のある、無駄ではない　(D) 形 立派な、尊敬すべき

解説 品詞の問題です。空所の前のa gift certificate（商品券）が、空所の後の$20.00なので、空所には前置詞の(A) worth（～の価値がある）を入れるのが正解です。この場合のworthは、形容詞と同じような働きを持っています。

語句 □furnishings 備え付け家具、調度品　□apology 謝罪　□bedspread ベッドカバー　□deliver ～を配達する　□check on ～ ～を調べる　□order number 注文番号　□send out ～ ～を発送する　□oversight 不注意、手落ち　□on the part of ～ ～の側で　□Shipping Department 発送部　□as soon as possible できるだけ早く　□apologize for ～ ～について謝罪する　□inconvenience 迷惑、不都合　□delay 遅延　□enclose ～を同封する　□gift certificate 商品券　□purchase 購入

Questions 10-12 refer to the following article.

Royal Sun Airlines said yesterday that, starting on Friday, it would charge a $10 fee for issuing a ticket at its airport check-in desks as well as for tickets issued by travel agents. A fee of $5 will be charged on every ticket ------- over the phone from its reservation lines.

10. (A) purchase
    (B) purchased
    (C) purchasing
    (D) purchaser

The only way to buy a ticket ------- paying an extra fee will be through the airline's Web-site.

11. (A) before
    (B) concerning
    (C) opposite
    (D) without

About 15 percent of its tickets are sold that way; 23 percent are bought over the phone, and only about 2 percent are bought ------- person at airports. The rest are sold through travel agents

12. (A) by
    (B) for
    (C) in
    (D) on

or through other travel-booking Web-sites.

文章の訳 設問10-12は次の記事に関するものです。

ロイヤル・サン航空は、金曜日から空港のチェックインデスクや旅行代理店で発行する航空券には10ドルの手数料を課すと、昨日発表した。予約専用回線による電話での購入には5ドルが課せられる。

手数料なしで航空券を買う唯一の方法は、同社のウェブサイトを通してのものとなる。同社の航空券の15パーセントがこの方法で購入されている。23パーセントが電話による購入で、空港で直接購入されているのはわずか2パーセントである。それ以外は、旅行代理店または他の旅行予約サイトから購入されている。

10. (B) ★

解説 分詞の問題です。空所の前のevery ticketが電話で（over the phone）でどうされるかを考えます。過去分詞の(B) purchasedを用いて修飾する（後位用法）のが適切です。place an order（注文する）という表現も覚えておきましょう。(D)のpurchaserは名詞で「購入者」（= buyer）の意味です。

11. (D) ★★

選択肢の訳 (A) 前 ～の前に　(B) 前 ～に関して　(C) 前 ～の反対側に　(D) 前 ～なしで

解説 前置詞の問題です。この英文の主部は、The only way to buy a ticket ------- paying an extra feeです。この問題は、空所にどの前置詞を入れれば、文意に合うかを問うています。正解は、without（～なしで）です。よって、主部は「an extra fee（追加料金＝手数料）なしで、チケットを購入する唯一の方法」の意味になります。

12. (C) ★★

解説 前置詞の問題です。空所直後のpersonと一緒になって、熟語を作るのは(C)のinのみです。in personは「本人が（直接に）、自分で」の意味です。

語句 □charge ～を請求する　□fee 手数料　□issue ～を発行する　□check-in desk チェックインデスク　□A as well as B AのほかにBもまた　□travel agent 旅行代理店　□reservation line 予約専用回線　□extra 追加の　□the rest 残り（のもの）　□travel-booking Web-site 旅行予約サイト

Questions 13-15 refer to the following advertisement.

Migraine headaches?

We are conducting a research study ------- medications for the treatment of migraine headaches. **13.** (A) evaluated
(B) evaluates
(C) evaluating
(D) evaluation

You may qualify for this study if you:
- are age 18 or older
- have a migraine history of six-months or more
- are in good ------- health
   14. (A) physic
   (B) physical
   (C) physically
   (D) physics
- are willing to record information in a diary
- can make periodic clinic visits

Qualified participants will receive study-related medications and procedures at no -------.
   15. (A) cost
   (B) free
   (C) money
   (D) pay

To learn more, call 147-555-3072.
New York Neurology

文章の訳 設問13-15は次の広告に関するものです。

偏頭痛をお持ちですか？

私たちは偏頭痛の治療のための薬物療法を検証する調査研究（治験）を行っています。

以下の条件を満たす場合に、この研究を受ける資格を得ることができます。
- 18歳以上である
- 6ヵ月以上の偏頭痛歴を持っている
- 健康状態が良好である
- 日誌に情報を記録することをいとわない
- 定期的に病院を訪れることができる

資格を満たす参加者は、研究関連の薬物療法と治療を無料で受けることができます。

詳細については147-443-3072にお電話下さい。
ニューヨーク神経学研究所

---

13. (C) ★★

解説 分詞の問題です。空所の前のa research study（調査研究）が、空所の後のmedications（薬物治療）を「検証する」わけですから、空所には現在分詞のevaluatingを入れるのが正解です。関係代名詞を用いて、a research study which evaluates medications for the treatment of migraine headachesに書き換えると、文の構造がはっきりと見えますね。(D)のevaluationは名詞で「評価、審査」の意味です。

14. (B) ★

選択肢の訳 (A) 名 薬、下剤　(B) 形 身体の、体の　(C) 副 身体的に　(D) 名 物理学

解説 品詞の問題です。空所の後に名詞のhealth（健康）があるので、空所には形容詞の(B) physical（身体の）を入れます。physical healthで「体の健康、身体的健康」の意味になります。

15. (A) ★★

選択肢の訳 (A) 名 代金、費用　(B) 形 無料の　(C) 名 金　(D) 名 給料

解説 語彙の問題です。空所には(A)のcostを入れて、at no costとすると文意が通ります。意味は「無料で」で、at no charge [expense]やfor freeと同じ意味を表します。

語句 □migraine headache 偏頭痛　□conduct 〜を行なう、実施する　□research study 調査研究　□medication 薬物療法　□treatment 治療　□qualify for 〜 〜の資格がある　□be willing to do 〜をいとわない　□record 〜を記録する　□diary 日誌　□periodic 定期的な　□clinic visit 病院を訪れること　□qualified 資格のある　□participant 参加者　□study-related 研究関連の　□procedure 治療、処置　□neurology 神経学

Questions 16-18 refer to the following letter.

Dear Mr. Crawford:

We regret to inform you that for the opening of Certified Public Accountant we have hired another applicant ------- seemed to be the perfect match for the position.

16. (A) what
(B) which
(C) who
(D) whose

We have carefully reviewed your qualifications. -------, we have

17. (A) As a result
(B) For this reason
(C) In addition
(D) So far

decided that we will not be able to hire you at this time. However, since you are well qualified, if another position becomes available, we will notify you immediately.

In the meantime, we wish you the best of luck in your job search. We are sure that with your expertise and background you will be able to find a satisfying job before too -------.

18. (A) late
(B) long
(C) much
(D) soon

Sincerely,
Dane Marret
Personnel Director

文章の訳 設問16-18は次のレターに関するものです。

クロフォード様

残念ながら、公認会計士の欠員に弊社はその職に最適と思われる別の応募者を雇用したことをお伝え致します。

弊社は貴殿の資格を入念に審査致しました。その結果、この度は貴殿を採用することはできかねると判断致しました。しかしながら、立派な資格をお持ちなので、また欠員が生じた場合には直ちにお知らせ致します。

その間、求職活動が順調に進みますよう願っております。貴殿の専門知識と経歴があれば、近いうちに満足のいく職が見つかると確信しております。

敬具
デイン・マレット
人事部長

Part 6 長文読解問題の攻略

16. (C) ★

解説 関係詞の問題です。先行詞は空所の直前にある another applicant であり、主格の「人」なので、適切な関係詞は関係代名詞の who（または that）となります。

17. (A) ★★★

選択肢の訳 (A) 副 その結果　(B) 副 こういう訳で　(C) 副 その上、さらに　(D) 副 今までのところ

解説 副詞の問題です。前文の We have carefully reviewed your qualifications. と、空所直後の we have decided that we will not be able to hire you at this time. の意味関係を考えて、どの副詞句が適切かを考えます。正解は、(A)の As a result（その結果）です。

18. (B) ★★

解説 語彙の問題です。before long（そのうち、すぐに）という熟語を覚えていれば、すぐに解ける問題です。それが本文では too が加えられて、before too long（近いうちに、いずれそのうち）という形になっているだけです。before very long もほぼ同じ意味を表す表現です。

語句 □regret to *do* 残念ながら〜する　□opening 欠員、空き　□certified public accountant 公認会計士（= CPA）　□hire 〜を雇う　□applicant 応募者　□perfect match ぴったり合う人　□position 職　□carefully 入念に　□review 〜を精査する、検討する　□qualification 資格　□well qualified 資質の高い、立派な資格を持つ　□available 得られる　□notify 〜に知らせる　□in the meantime その間　□job search 求職活動　□expertise 専門知識　□background 経歴　□satisfying 満足のいく　□personnel director 人事部長

まる覚え！最重要熟語

- **carry out 〜** 〜を実行する
  *carry out special measures（特例措置を実施する）

- **coincide with 〜** 〜と一致する、〜と同時に起きる
  *His views coincide with mine.（彼の考えは私と一致している）

- **come to an end** 終わる
  *Her acting career came to an end.（彼女の女優としてのキャリアは幕を閉じた）

- **come up with 〜** 〜を思い付く
  *come up with a creative idea（創造的なアイデアを思い付く）

- **concentrate on 〜** 〜に集中する
  *I just can't concentrate on my work.（どうも仕事に集中できない）

- **conform to 〜** 〜に従う
  *conform to current regulations（現行の規則に従う）

- **distinguish A from B** AとBを区別する
  *distinguish right from wrong（善悪の判断をする）

- **for the convenience of 〜** 〜の便宜・利便性を図り
  *for the convenience of travelers（旅行者の便宜を図って）

- **have 〜 in common** 〜を共通に持つ
  *Ken and I have a lot in common.（ケンと私は共通点が多い）

- **in a row** 連続して、一列になって
  *three days in a row（3日連続で）

- **in an effort to** *do* 〜しようと試みて
  *in an effort to meet the deadline（締め切りに間に合わせるために）

- **in accordance with 〜** 〜に従って
  *in accordance with the terms of payment（支払条件に従って）

- **in addition to 〜** 〜に加えて
  *in addition to selling artwork（手工芸品の販売に加えて）

- **in astonishment** 驚いて、仰天して
  *She dropped her spoon in astonishment.
  （彼女は驚きのあまりスプーンを落とした）

- **in danger of 〜** 〜の危険があって
  *Some animals are now in danger of extinction.
  （動物の中には今や絶滅の危機に瀕しているものもいる）

- **in favor of 〜** 〜に賛成で、〜を支持して
  *More than half of them were in favor of the proposal.
  （彼らの半数以上がその案に賛成だった）

- [ ] **in opposition to ~**　～に反対して
  - *stand in direct opposition to the new economic policy（新経済政策に真っ向から反対する）

- [ ] **in the event of ~**　～の場合には
  - *in the event of an emergency（緊急時には）

- [ ] **instead of ~**　～の代わりに
  - *instead of faxing the documents（文書をファックスで送信する代わりに）

- [ ] **interfere with ~**　～を妨げる、～に干渉する
  - *interfere with the government's plan（政府の計画を妨げる）

- [ ] **make it to ~**　～に間に合う、～に出席する
  - *make it to the last train（最終電車に間に合う）

- [ ] **make sense**　道理にかなう
  - *What you're saying doesn't make sense.（あなたの言っていることは筋が通っていない）

- [ ] **no later than ~**　（遅くとも）～までに
  - *Applications must be submitted no later than April 4.（募集の締め切りは4月4日までです）

- [ ] **on behalf of ~**　～を代表して、～の代わりに
  - *on behalf of the advisory committee（諮問委員会を代表して）

- [ ] **put up with ~**　～に我慢する、～を受け入れる
  - *put up with the hard work（きつい仕事に耐える）

- [ ] **regardless of ~**　～にかかわらず
  - *regardless of gender differences（性別にかかわりなく）

- [ ] **remind A of B**　AにBを思い出させる
  - *This photo reminds me of my childhood.（この写真を見ると幼少期を思い出す）

- [ ] **report to ~**　～に出向く、～に報告する
  - *report to work（出社する）

- [ ] **run for ~**　～に立候補する、出馬する
  - *run for mayor（市長に立候補する）

- [ ] **subscribe to ~**　～を購読する
  - *subscribe to *Time* magazine（『タイム』誌を定期購読する）

- [ ] **take after ~**　～に似ている
  - *She takes after her mother in many ways.（彼女は多くの点で母親に似ている）

- [ ] **take part in ~**　～に参加する
  - *take part in the upcoming workshop（今度の研修会に参加する）

まる覚え！最重要熟語

- □ **under consideration**　熟考中で
  * This issue is under consideration.（この問題については検討中です）

- □ **with regard to 〜**　〜に関して
  * with regard to personal income taxes（個人所得税に関しては）

- □ **without a doubt**　間違いなく、確実に
  * Without a doubt, it's impossible.（間違いなく、それは無理です）

- □ **when it comes to 〜**　〜に関して言えば、〜のことになると
  * when it comes to getting a job（就職に関して言えば）

模擬試験

解答時間：20分

- 学習の仕上げに模擬試験に挑戦してみましょう。本試験のPart 5・Part 6と同様に52問で構成されています。
- 解答の記入は巻末の解答用紙を切り取ってご利用下さい。
- 答え合わせの後、以下の【予想スコア】を実力のおおよその基準にして下さい。

予想スコア

52問中、45問以上正解… スコア860点を突破できる実力をお持ちです。

52問中、37問以上正解… スコア730点を突破できる実力をお持ちです。

52問中、31問以上正解… スコア600点を突破できる実力をお持ちです。

52問中、25問以上正解… スコア470点を突破できる実力をお持ちです。

問題 ……………… P.172
正解・解説 ……… P.186

1. If your merchandise arrives damaged, please ------- the carrier immediately.
   (A) announce
   (B) deliver
   (C) notify
   (D) undertake

2. Ricard Castillo, president of the biotech company, is ------- that licensing agreements with potential manufacturers will be concluded in time.
   (A) pessimism
   (B) pessimist
   (C) pessimistic
   (D) pessimistically

3. Final payment is ------- no later than two weeks before your wedding day.
   (A) due
   (B) expired
   (C) indebted
   (D) mature

4. Mr. Turner, one of my clients, pretended ------- interested in my proposal, but it was only a superficial front.
   (A) be
   (B) being
   (C) to be
   (D) to being

5. We deeply appreciate the warm ------- extended to us on our recent visit to your head office.
   (A) compensation
   (B) hospitality
   (C) resignation
   (D) testimony

6. Finally, a tentative agreement ------- during the third collective bargaining talks between labor and management.
   (A) be reached
   (B) had reached
   (C) reached
   (D) was reached

7. Two hundred new recruits have just accomplished the initial ------- of the in-house training program.
   (A) article
   (B) frame
   (C) installation
   (D) phase

8. The skills and knowledge you have gained through your work experience can be ------- to a new career in a different field.
   (A) transfer
   (B) transferable
   (C) transference
   (D) transfers

GO ON TO THE NEXT PAGE

9. An extensive survey on successful marketing strategies will be conducted from next week and ------- we need to get ready for it now.
   (A) otherwise
   (B) then
   (C) therefore
   (D) yet

10. All full-time employees in this company are ------- to earn 20 days of paid vacation annually.
    (A) applied
    (B) credited
    (C) eligible
    (D) peculiar

11. The applicant must be a highly-motivated person with a ------- of three years work experience in a similar position.
    (A) minimal
    (B) minimally
    (C) minimize
    (D) minimum

12. Unemployment and health insurance programs are borne ------- by the employer and the employee.
    (A) equally
    (B) exactly
    (C) normally
    (D) remotely

13. The computer automation program was designed based on the apparatus ------- in the accompanying figure.
   (A) illustrate
   (B) illustrated
   (C) illustrating
   (D) illustration

14. Extra caution must be exercised especially ------- a property is likely to generate negative cash flow.
   (A) that
   (B) what
   (C) when
   (D) which

15. Believe it or not, this year's gross sales of Masterlist Corp. turned out to be the worst since its -------.
   (A) found
   (B) foundation
   (C) foundational
   (D) founder

16. News reports say that in the northern part of the country emergency food stocks have been rapidly running -------.
   (A) dry
   (B) fast
   (C) high
   (D) short

GO ON TO THE NEXT PAGE

17. When Mr. Skold visited the headquarters of GIM Trucks, Inc., they made all the ------- transportation arrangements for him.
    (A) necessarily
    (B) necessary
    (C) necessitate
    (D) necessity

18. The hotel manager is disappointed ------- the number of guests has significantly decreased in recent months.
    (A) for
    (B) so
    (C) that
    (D) with

19. Mr. Montani had no other choice but ------- his work schedule in order to get more time with his family.
    (A) modified
    (B) modify
    (C) modifying
    (D) to modify

20. The stereotypes created by mass media exert enormous ------- on public perceptions and attitudes.
    (A) indication
    (B) influence
    (C) insight
    (D) intention

21. As the competition in the apparel industry is very fierce, there are always ------- than available job openings.
(A) applicants
(B) many applicants
(C) more applicants
(D) most applicants

22. With customer ------- being a primary concern, we place great emphasis on communicating with our customers.
(A) satisfaction
(B) satisfactory
(C) satisfied
(D) satisfy

23. Last week Mr. Itani attended the 13th International Manufacturing Conference, ------- he thought was very informative and well organized.
(A) that
(B) what
(C) which
(D) whom

24. One of the fundamental ------- of the company's R&D activities is to produce new technologies and products.
(A) aims
(B) claims
(C) opinions
(D) reasons

GO ON TO THE NEXT PAGE

25. If this regulation had been implemented earlier, it ------- made a huge difference in environmental policy making.
    (A) could be
    (B) had
    (C) should
    (D) would have

26. We strongly recommend that your approach to this project be completely fresh and -------.
    (A) origin
    (B) original
    (C) originality
    (D) originally

27. According to the survey, the number of obese children ------- dramatically risen in the last two decades in this country.
    (A) is
    (B) are
    (C) has
    (D) have

28. Foreign investors are extremely ------- in their dealings with the oil company in Norway.
    (A) caution
    (B) cautionary
    (C) cautious
    (D) cautiously

29. Mr. Cramer often ------- a wide variety of CDs, DVDs, books, and magazines over the Internet.
    (A) purchase
    (B) purchases
    (C) purchasing
    (D) to purchase

30. Most people are happy about the major tax reform plan, but some are very ------- about it.
    (A) biological
    (B) clerical
    (C) skeptical
    (D) technical

31. All of the board members attended the meeting yesterday for the ------- purpose of discussing a personnel matter.
    (A) specific
    (B) specifics
    (C) specify
    (D) specifying

32. In our community many social and educational services are offered ------- a variety of charitable organizations.
    (A) among
    (B) as
    (C) through
    (D) together

GO ON TO THE NEXT PAGE

33. As a professional jazz pianist, Randy Ducey is far ------- known abroad than he is in his own country.
    (A) best
    (B) better
    (C) good
    (D) well

34. This science magazine presents two ------- points of view on the issue of climate change.
    (A) oppose
    (B) opposing
    (C) opposition
    (D) oppositionist

35. After listening to Dr. Dunkel's brilliant presentation, the audience seemed greatly impressed by the new theory of -------.
    (A) her
    (B) hers
    (C) herself
    (D) she

36. When Mrs. Baxter attended the gallery, she could see famous paintings from different countries at close -------.
    (A) fund
    (B) image
    (C) range
    (D) site

37. It is no use ------- about our team's interim report that we handed in last week, whether it was well written or not.
    (A) worry
    (B) worried
    (C) worrying
    (D) to worrying

38. Since these documents are highly confidential, please make sure to keep them in a ------- location.
    (A) classic
    (B) domestic
    (C) portable
    (D) secure

39. These drugs are still widely used to treat hypertension ------- abundant proof that they often cause severe side effects.
    (A) as long as
    (B) despite
    (C) so
    (D) though

40. We have maintained a certain level of sales volume for the last 15 years, yet in the coming years we should ------- make more efforts to increase it.
    (A) almost
    (B) alone
    (C) already
    (D) also

GO ON TO THE NEXT PAGE

Questions 41-43 refer to the following notice.

WE'RE OPEN DURING CONSTRUCTION!

Please ------- the inconvenience of our bank expansion.
   41. (A) apologize
       (B) grant
       (C) pardon
       (D) realize

There will be no interruption of service during the period as we expand our facility with an extra 1,000 square feet, add five new ATMs, and redo our interior.

We will be having a grand reopening from September 10th to 15th. At that time we will have special offers, refreshments, and festivities to celebrate the ------- of the renovation.   **42.** (A) complete
                                          (B) completed
                                          (C) completing
                                          (D) completion

We hope you will stop in during that week.

Thank you for your ------- patronage to Northwestern Bank.
                 43. (A) continue
                       (B) continued
                       (C) continuity
                       (D) continuously

Northwestern Bank
Portland Office   (503) 555-3121   218 W. Washington St.

Questions 44-46 refer to the following announcement.

Gospel Music at New Life Christ Church

On Saturday, June 5, at 6:30 P.M., New Life Christ Church will be ------- "Harbor Lighthouse" recording artists from
    44. (A) present
        (B) presented
        (C) presenting
        (D) presently
Philadelphia, PA.

Come as you are and bring a lawn chair if you would like for an evening of great music outdoors. ------- it rains, or is
                        45. (A) Either
                            (B) For
                            (C) If
                            (D) Since
too hot, the concert will be moved inside the new air-conditioned sanctuary.

New Life Christ Church is located at the ------- of Highways
                              46. (A) curb
                                  (B) junction
                                  (C) passage
                                  (D) sidewalk
47 and 18, on Highway 18 near the northeast corner of the Lions' Football Stadium.

For more information, call 717-555-3301 or visit our Web-site at www.hnewlife.com.

GO ON TO THE NEXT PAGE

Questions 47-49 refer to the following memo.

MEMORANDUM

Date: March 17
To: All Employees
From: Roland Marszalek, President
Subject: Reception

Please ------- that Mr. Ken Adams has been appointed as the

47. (A) advise
  (B) advised
  (C) advising
  (D) be advised

new marketing manager at Thompson Transport. He is replacing Troy Williams, who is being transferred to our Dallas branch. This appointment will become ------- on April 1.

48. (A) effect
  (B) effective
  (C) effectively
  (D) effectiveness

Ken has been with us for the past ten years, most recently at our Chicago branch. In order to warmly welcome him to our Detroit headquarters, we'll be holding a reception in his ------- next Friday at 5:00 P.M. Please join us in the reception

49. (A) bid
  (B) honor
  (C) privilege
  (D) token

hall for a short program and refreshments.

Questions 50-52 refer to the following letter.

Anderson Construction
1513 South Saunders Street
Raleigh, North Caroline 27603

April 14

Mr. Ted Price
630 Rosemont Drive
Colorado Springs, CO 80911

Dear Mr. Price,

Thank you for your hospitality while I was with you in Colorado Springs. I felt it was a meaningful meeting and that we gained a good understanding on what the building project would -------.

        50. (A) discuss
             (B) entail
             (C) resolve
             (D) urge

Let me talk with the others who are involved with it here. ------- we get

        51. (A) As soon as
             (B) During
             (C) In case of
             (D) While

the details worked out, I will contact you again.

I'm enclosing a picture of us together when we went to Big John's Steak House. I hope you'll like it. I'm looking forward to ------- with you on this project.

        52. (A) be working
             (B) have worked
             (C) worked
             (D) working

Sincerely yours,
Peter Blocksom
Development Director
Anderson Construction

模擬試験　[正解・解説]

Part 5

1. (C) ★★

訳 お客様の商品が破損した状態で届けられた場合には、すぐに運送会社に連絡して下さい。
(A) 動 ～を発表する　(B) 動 ～を配達する、納品する　(C) 動 ～に知らせる　(D) 動 ～に取り組む、～を引き受ける

解説 語彙の問題です。コンマ前のif節の意味を考慮しながら、the carrier（運送会社）に何をすべきかを考えます。(C)のnotify（～に通知する、報告する）が意味上適切だと分かります。TOEICには、notify A of/about B（AにBを知らせる）やnotify that ～（～であることを知らせる）の形もよく出るので、覚えておきましょう。

語句 □merchandise 商品、製品　□damaged 破損した　□carrier 運送会社　□immediately すぐに

2. (C) ★★

訳 バイオ企業の社長、リカード・カスティロ氏は見込みのあるメーカーとのライセンス契約がタイミングよく締結されることに悲観的である。
(A) 名 悲観主義、厭世主義　(B) 名 悲観論者、厭世家　(C) 形 悲観的な、厭世的な　(D) 副 悲観的に

解説 品詞の問題です。主語はRicard Castilloなので、空所には形容詞が入ることが分かります。空所の直後はthat節です。よって、正解は(C)のpessimistic（悲観的な）です。反意語のoptimistic（楽観的な）も一緒に覚えておきましょう。

語句 □biotech company バイオ企業、バイオテク会社　□licensing agreement ライセンス契約、許諾契約　□potential 見込みのある、潜在的な　□manufacturer メーカー、製造会社　□conclude ～を締結させる　□in time 間に合って、時間内に

3. (A) ★★★

訳 最終のお支払いは、お客様の結婚式の日より2週間前までとなっています。
(A) 形 支払うべき、満期の　(B) 形 失効した、期限切れの　(C) 形 負債がある、恩義がある　(D) 形 （債券・証券などが）満期の

解説 語彙の問題です。主語のFinal paymentに対して、空所には補語となるのに適切な形容詞を選びます。(A)のdue（支払うべき、満期の）が正解です。dueは「お金の支払い」だけでなく、「レポートの締め切り」や「本の貸し出しの返却」にも用いられる形容詞です。

語句 □final payment 最終払い　□no later than ～までに　□wedding day 結婚式の日

4. (C) ★

訳 私のクライアントの1人であるターナー氏は、私の提案に興味のありそうなそぶりを見せたが、それは外見上の見せかけに過ぎなかった。

解説 不定詞の問題です。pretendはto不定詞を目的語に取る動詞です。よって、(C)が正解です。pretend to *do*の形で「〜の振りをする」の意味を表します。

語句 □client クライアント、顧客　□proposal 提案　□superficial 表面的な、上辺だけの　□front 見せかけ

5. (B) ★★

訳 先日の本社訪問では温かいおもてなしを頂戴し、大変感謝致しております。
(A) 名 補償、賠償金、報酬　(B) 名 歓待、手厚いもてなし　(C) 名 辞職、辞任　(D) 名 証言、証し

解説 語彙の問題です。私たちに与えられた温かい（warm）何に感謝をしているのかを考えます。「温かいもてなし」と考えるのが適切なので、(B)のhospitality（歓待、もてなし）が正解です。

語句 □deeply 深く　□appreciate 〜をありがたく思う　□extend 〜を与える、差し伸べる　□recent 最近の、先日の　□head office 本社、本店

6. (D) ★★

訳 遂に、第3回目の労使間の団体交渉会議の中で暫定合意に達した。

解説 受動態の問題です。agreement（合意）やdecision（決定）などは自分自身で合意や結論に「達する」ことはありませんから、この英文ではreachを他動詞（〜に達する）で用い、受動態にする必要があります。よって、(D)のwas reachedが正解となります。

語句 □finally 遂に　□tentative 暫定的な、仮の　□agreement 合意、協定　□collective bargaining 団体交渉　□talks 協議　□labor 労働組合　□management 経営者（側）

7. (D) ★★★

訳 200名の新入社員が、社内研修プログラムの第一段階を終えたところです。
(A) 名 記事、項目　(B) 名 枠、骨組み　(C) 名 設置　(D) 名 段階、局面

解説 語彙の問題です。in-house training program（社内研修プログラム）の第一の（initial）何かを考えます。意味上適切なものは、(D)のphase（段階）だけです。the initial phaseは、the first stageに言い換えることも可能です。

語句 □new recruit 新入社員　□accomplish 〜を果たす、成し遂げる　□initial 最初の、初期の　□in-house 社内の　□training program 研修プログラム

8. (B) ★★

訳 あなたの実務経験を通じて得た技術と知識は、違う分野の新しい仕事に転換可能です。

(A) 動 ～を転任させる　名 移動　(B) 形 転換可能な、譲渡可能な　(C) 名 移動、譲渡、転任　(D) 名 transferの複数形：移動

解説 品詞の問題です。「あなたがこれまでの仕事で得た技術や能力は、他分野の仕事に応用が利く」という文意が成立する(B)のtransferable（移転可能な、譲渡可能な）が正解です。また、動詞のtransferを過去分詞のtransferredにして、can be transferredという受動態にすれば、これも正解となり得ます。

語句 □skill 技術、能力　□knowledge 知識　□gain ～を得る　□work experience 実務経験、職歴　□career 職業、キャリア　□field 分野

9. (C) ★★

訳 成功する販売戦略に関する広範囲な調査が来週から実施されるので、今私たちはその準備をしなければならない。

(A) 副 さもなければ　(B) 副 それから　(C) 副 それゆえに　(D) 副 それでもなお

解説 副詞の問題です。(A)～(D)まですべて接続副詞です。空所前の節と、空所後の節の意味を考えて、それをうまくつなぐことのできるものを選ばなければなりません。適切なのは、(C)のtherefore（それゆえに）だけです。and therefore（そしてそれゆえに）の部分は、もっと簡単にand soと言うことも可能です。

語句 □extensive 広範囲な、大規模な　□survey 調査　□successful 成功する　□marketing strategy 販売戦略　□conduct ～を実施する、行なう　□get ready for ～ ～の準備をする

10. (C) ★★★

訳 この会社では、すべての正社員に年20日の有給休暇が与えられる。

(A) 形 適用された、応用された　(B) 形 功績があると考えられる　(C) 形 (～する)資格がある　(D) 形 特有の、独特の

解説 語彙の問題です。文意を考えながら、空所直後のto earn（to不定詞）に注目します。ここは(C)のeligibleを用いて、be eligible to do（～する資格がある）の形にするのが正解です。なお、直後にto不定詞ではなく、名詞（相当語句）が来る場合は、be eligible for ～（～に対して資格がある、ふさわしい）という形になることも覚えておきましょう。

語句 □full-time employee 正社員、常勤労働者　□earn ～を得る　□paid vacation 有給休暇　□annually 毎年

11. (D) ★★

訳 応募者は、似たような仕事で3年以上の実務経験を持つ意欲的な人でなければなりません。
(A) 形 最小限の、最低限の　(B) 副 最小限に　(C) 動 〜を最小限にする、最小化する
(D) 名 最小限、最低限

解説 品詞の問題です。空所の前には冠詞のaが、後には前置詞のofがあるので、空所には名詞が入ることが分かります。よって、正解は(D)のminimum（最小限、最低限）です。a minimum of three years work experienceは「最低3年の実務経験」という意味なので、ごく簡単に「3年以上の実務経験」と訳せばよいでしょう。minimumの反意語は、maximum（最大限）です。

語句 □applicant 応募者、申込者　□highly-motivated 意欲的な、極めてやる気のある　□work experience 実務経験　□similar 類似の、似通った　□position 仕事、職

12. (A) ★★★

訳 失業保険及び健康保険は、雇用者と被雇用者が均等に負担することになっている。
(A) 副 均等に、平等に　(B) 副 正確に、ぴったり　(C) 副 正常に、普通に　(D) 副 遠く離れて、疎遠で

解説 語彙の問題です。空所の前のUnemployment and health insurance programs are borneは「失業保険及び健康保険は、負担されている」の意味です。それが誰によって負担されているのかは、空所の後のby the employer and the employee（雇用者と被雇用者によって）で分かります。文意を考慮して、空所に入る適切な副詞は(A)のequally（均等に）と判断します。

語句 □unemployment 失業　□health insurance 健康保険　□bear（費用・責任などを）持つ、負担する(bear-bore-borne/born)　□employer 雇用者　□employee 被雇用者

13. (B) ★★

訳 そのコンピュータ自動化プログラムは、添付図に載っている装置に基づき設計されました。

解説 分詞の問題です。illustrateは他動詞で「〜を図解する、説明する」の意味です。空所には、直前にある名詞のthe apparatus（装置）を修飾するものが入るはずです。よって、過去分詞の(B) illustratedが正解となります。illustratedをwhich is illustratedと考えると、よく分かりますね。このillustratedは名詞の後に置かれ、その前の名詞を修飾する用法（後位用法）です。(D)のillustrationは名詞で「挿絵、説明図」の意味です。

語句 □automation program 自動化プログラム　□design 〜を設計する　□based on 〜 〜に基づき　□apparatus 装置、器材　□accompanying 添付の　□figure 図、図表、図形

14. (C) ⭐⭐⭐
訳 資産が負のキャッシュフローを生み出しそうな時にはとりわけ、特別な注意を払わなければならない。

解説 接続詞の問題です。空所の前後がどちらも節になっていることに着目します。同時に、文意も考慮し、空所には(C) whenを入れるのが適切だと判断します。

語句 □extra 特別の、余分な　□caution 注意、用心　□exercise ～を働かせる
□especially 特に、とりわけ　□property 資産、財産　□*be* likely to *do* ～しそうである
□generate ～を生み出す、もたらす　□negative 負の　□cash flow キャッシュフロー

15. (B) ⭐⭐
訳 驚くべくことに、マスターリスト社の今年の総売上高は、会社創立以来最悪の結果となった。
(A) 動 ～を設立する　(B) 名 設立、創立　(C) 形 基礎を成す　(D) 名 設立者、創立者

解説 品詞の問題です。空所の直前に人称代名詞の所有格のitsがあるので、空所には名詞が入ることが分かります。名詞は(B)と(D)ですが、文意に合うものは、foundation（設立、創立）の方です。

語句 □Believe it or not, 信じられないような話ですが　□gross sales 総売上高
□turn out to be ～ ～という結果になる

16. (D) ⭐⭐
訳 報道によると、その国の北部では非常用備蓄食糧が急激に不足してきているそうだ。
(A) 形 干上がって、乾いた　(B) 副 速く、早く　(C) 副 高く、激しく　(D) 副 短く、急に

解説 語彙の問題です。emergency food stocks（非常用備蓄食糧）が急激にどのようになってきているかを考えます。(D)のshortを用いて、run short（不足する）という熟語を作るのが正解です。また、run short of ～（～が足りなくなる）も一緒に覚えておきましょう。例：We're running short of coffee.（コーヒーが切れそうだ）。

語句 □news reports ニュース報道　□northern 北の　□emergency food stocks 非常用備蓄食糧　□rapidly 急速に

17. (B) ⭐
訳 スコールド氏がGIMトラック社の本社を訪問した際、その会社は彼の移動に必要なすべての手配をしてくれた。
(A) 副 必ず　(B) 形 必要な、しかるべき　(C) 動 ～を必要とする　(D) 名 必要(性)

解説 品詞の問題です。空所の前には冠詞のthe、後には名詞句のtransportation arrangements（移動の手配）があります。よって、空所にはtransportation arrangementsを修飾する形容詞を入れればよいことが分かります。正解は(B)のnecessary（必要な）です。

語句 □headquarters 本社、本部　□make transportation arrangements 移動の手配をする

18. (C) ★★

訳 ホテル支配人は、宿泊客数がここ数ヶ月間でかなり低下していることにがっかりしている。
(A) 前 〜のために　(B) 接 だから　(C) 接 〜ということ　(D) 前 〜が原因で

解説 接続詞の問題です。be disappointed（がっかりする、落胆する）は直後に前置詞のat, by, withなどを取る場合、その後には名詞（相当語句）が来ます。ところが、この問題では、空所のあとに節が来ているので、空所には接続詞のthatを入れて、that節にします。よって、(C)が正解です。

語句 □hotel manager ホテル支配人　□guest 宿泊客　□significantly 著しく、かなり　□decrease 減少する　□in recent months ここ数ヶ月間

19. (D) ★★★

訳 モンターニ氏は家族に充てる時間をもっと増やすために、自分の仕事のスケジュールに変更を加えざるを得なかった。

解説 不定詞の問題です。have no (other) choice but to doは「〜の他に選択の道がない」の意味の重要熟語です。よって、正解は(D)のto modifyです。このbutは前置詞で「〜を除いて、〜の他は」の意味を表します。この熟語を記憶する際、butの後ろには必ずto不定詞が続くことを覚えておきましょう。

語句 □modify 〜を変更する、修正する　□work schedule 仕事のスケジュール
□in order to do 〜するために

20. (B) ★★

訳 マスメディアによって作り出される固定観念は、一般大衆の認識や姿勢に大きな影響を及ぼす。
(A) 名 指示、表示　(B) 名 影響（力）　(C) 名 洞察（力）、眼識　(D) 名 意図

解説 語彙の問題です。空所の前後を見ると分かりますが、この英文には、exert A on B（AをBに及ぼす）という重要表現が用いられています。文意から、Aとして適切な名詞は何かと考えると、(B) influence（影響）が正解だと分かります。よって、exert enormous influence on 〜は「〜に大きな影響を及ぼす」という意味になりますね。

語句 □stereotype ステレオタイプ、固定観念　□create 〜を作り出す　□mass media マスメディア、報道機関　□exert 〜を与える、及ぼす　□enormous 多大な、莫大な
□public 大衆の、民衆の　□perception 認識　□attitude 姿勢、意識

21. (C) ⭐

訳 アパレル業界の競争は非常に熾烈なので、いつも応募者数の方が求人数よりも上回る。

解説 比較の問題です。空所の前にthere areがあり、後にはthanがあります。よって、applicants（応募者）の前にmoreをつけて、〈more + 複数名詞〉の形にします。

語句 □competition 競争　□apparel industry アパレル産業、アパレル業界　□fierce 激しい、熾烈な　□available 得ることができる　□job opening 求人数

22. (A) ⭐⭐

訳 顧客満足度を何よりも優先しながら、当社はお客様とのコミュニケーションを非常に重視しています。

(A) 名 満足　(B) 形 満足できる、申し分のない　(C) 形 満足した、満ち足りた
(D) 動 ～を満足させる

解説 品詞の問題です。文頭のWith ～ concernまでは、独立分詞構文の前にwithを付けて、付帯状況を表しています。何がa primary concern（一番の関心事）かを考えると、beingの前には名詞句が来るはずだと分かります。よって、空所には(A)のsatisfactionを入れ、customer satisfaction（顧客満足度）とします。

語句 □put emphasis on ～ ～を重視する、～に重点を置く　□communicate with ～ ～とコミュニケーションを取る

23. (C) ⭐⭐⭐

訳 先週、イタニ氏は第13回国際製造業会議に出席し、とても有益でうまく構成されていたと思った。

解説 関係詞の問題です。コンマ以降の部分は、空所の直前にある先行詞the 13th International Manufacturing Conferenceについての追加的な説明となっています（非制限用法）。空所には、先行詞が「物」の場合の主格whichを入れるのが正解です。(A)の関係代名詞thatには非制限用法がないことに注意しましょう。

語句 □manufacturing 製造業　□conference 会議　□informative 有益な　□well organized うまくまとまって

24. (A) ⭐⭐

訳 その会社の研究開発活動の基本目標の1つは、新しい技術と製品を生み出すことである。

(A) 名 目標、目的　(B) 名 要求、請求　(C) 名 意見　(D) 名 理由

解説 語彙の問題です。文意から判断して、fundamental（基本的な）何が、to produce ～（～を生み出すこと）なのかを考えます。正解は、(A)のaims（目標）です。

語句 □fundamental 基本の、根本的な　□R&D 研究開発（research and developmentの略）　□activities 活動　□produce ～を生み出す

25. (D) ★★

訳 この法規がもっと前に施行されていたなら、環境政策決定に大きな違いをもたらしていただろう。

解説 仮定法の問題です。条件節は過去完了形になっています。そこで、帰結節をどうすればよいかを考えます。空所の直後のmadeにうまくつながりそうなものはどの選択肢でしょうか。(A)と(C)はすぐに誤答だと分かります。(B)のhadでは、条件節も帰結節も過去完了形になってしまいます。(D)のwould haveであれば、仮定法過去完了の英文が正しく作れます。よって、正解は(D)となります。過去の事実に反する仮定の文ですね。

語句 □regulation 法規、規定、規則　□implement ～を施行する、実施する　□huge 大きな　□difference 違い　□environmental 環境に関する　□policy making 政策決定

26. (B) ★

訳 私たちはこのプロジェクトへのあなたのアプローチが完全に斬新で独自のものであることを強くお勧めします。

(A) 名 起源、由来　(B) 形 独自の、独創的な　(C) 名 独自色、斬新さ　(D) 副 最初は、独創的に

解説 品詞の問題です。空所の前のfresh andを見ると分かりますが、ここではfreshと(B)のoriginalの２つの形容詞が並列して用いられています。completelyは、これら２つの形容詞を修飾しています。動詞recommend（～を勧める）に続くthat節の中の動詞は、動詞の現在形となります（仮定法現在）ので、this projectの後はbeとなっているわけです。もちろん、should beとしても構いません。

語句 □recommend ～を勧める　□fresh 斬新な、清新な

27. (C) ★★

訳 その調査によると、この国では肥満児の数がこの20年間で大幅に増加している。

解説 時制および主語と動詞の一致の問題です。主部はthe number of obese childrenですが、主語はthe numberですから、３人称単数扱いとなります。the number of ～（～の数：単数扱い）とa number of ～（多くの～：複数扱い）との違いをきちんと区別して覚えておきましょう。また、risenは自動詞riseの過去分詞であり、直後の副詞句in the last two decades（ここ20年間）からも分かるように、ここは現在完了形にする必要があります。よって、(C)のhasが正解となります。

語句 □according to ～ ～によれば　□survey 調査　□obese 肥満体の　□dramatically 劇的に、著しく　□decade 10年間

28. (C) ⭐⭐

訳 海外投資家はノルウェーにあるその石油会社との取引に極めて慎重である。
(A) 名 用心、慎重さ　(B) 形 警告を与える　(C) 形 用心深い、慎重な　(D) 副 用心深く

解説 空所の前にare extremely、つまり〈be動詞＋副詞〉が来ています。よって、空所には形容詞を入れるべきだと分かりますが、(B)と(C)のどちらを入れればよいのでしょうか。(B)のcautionary（警告的な、訓戒的な）は名詞を直接に修飾する限定用法のみの形容詞です。この英文の場合は、形容詞が文の補語となっている（叙述用法）わけですから、(C)のcautious（慎重な）が正解となります。cautionaryはcautionary tale（訓話）やcautionary note（警告）のように用います。

語句 □foreign investor 海外投資家　□extremely 極めて　□dealings 取引
□oil company 石油会社　□Norway ノルウェー

29. (B) ⭐

訳 クレイマーさんはよくインターネットでさまざまな種類のCD、DVD、書籍、雑誌を購入します。

解説 時制および主語と動詞の一致の問題です。空所の直前に副詞のoften（しばしば）が用いられています。この英文は現在時制の用法で、Mr. Cramerの習慣的行為を表しています。3人称単数現在なので、正解は(B)のpurchasesとなります。

語句 □purchase ～を購入する　□a wide variety of ～ 多種多様の、幅広い

30. (C) ⭐⭐⭐

訳 ほとんどの人はその大型税制改革案に満足しているが、中には非常に懐疑的な人もいる。
(A) 形 生物学的な　(B) 形 事務的な　(C) 形 懐疑的な　(D) 形 技術的な、専門的な

解説 語彙の問題です。tax reform plan（税制改革案）についてhappy（満足して）に感じている人が多い中で、一部の人は反対にどのように感じているかを考えてみます。(C)のskeptical（懐疑的な）のみ意味が通ります。

語句 □major 大きな　□tax reform 税制改革

31. (A) ⭐⭐

訳 役員全員が人事に関して話し合うという特定の目的で、昨日会議に出席した。
(A) 形 特定の　名 詳細部分　(B) 名 specificの複数形：詳細部分　(C) 動 ～を明記する、指定する　(D) 名 specifyの動名詞：（～の）特定

解説 品詞の問題です。空所の前に冠詞のthe、後に名詞のpurposeがあるので、空所には形容詞を入れればよいことが分かります。よって、正解は(A)のspecific（特定の）です。for the specific purpose of ～で「～という特定の目的で」の意味となりますが、これはTOEIC頻出熟語のfor the purpose of ～（～の目的で、～のために）に、specificが加えられたものと考えて下さい。

語句 □board member 役員、取締役　□discuss ～について話し合う
□personnel matter 人事

32. (C) ★★
訳 私たちの地域社会では、多くの社会奉仕や教育サービスがさまざまな慈善団体を通して提供されています。
(A) **前** ～の間に、～のうちで　(B) **前** ～として　(C) **前** ～を通して　(D) **副** 一緒に
解説 前置詞の問題です。文脈から、many social and educational services（多くの社会奉仕や教育サービス）は、a variety of charitable organizations（さまざまな慈善団体）を「通して、介して」提供されていると考えるのが自然です。そこで、(C)の前置詞throughが正解となります。
語句 □community 地域社会　□social 社会の、社会的な　□educational 教育の、教育的な　□service 奉仕、サービス　□offer ～を提供する　□a variety of ～ さまざまな～　□charitable 慈善の　□organization 組織、団体

33. (B) ★★
訳 プロのジャズピアニストとして、ランディー・デューシーは国内よりも国外のほうがもっとよく知られている。
解説 比較の問題です。than he is in his own countryの部分を見れば、すぐに分かると思いますが、空所には比較級を入れる必要があるので、正解は(B)のbetterとなります。空所直前のfarはmuchと同じ意味で用いられており、形容詞・副詞の比較級を強調する語です。
語句 □professional プロの　□jazz pianist ジャズピアニスト　□abroad 海外で、国外で（= overseas）

34. (B) ★★★
訳 この科学雑誌は、気候変動の問題に関する2つの対立する意見を提示している。
(A) **動** ～に反対する　(B) **形** 対立する、相容れない　(C) **名** 反対、対立　(D) **名** 反対者
解説 品詞の問題です。science magazine（科学雑誌）の中に2つのpoints of view（見方、意見）が載っているわけですね。空所には、points of viewを修飾する形容詞を入れるべきです。ここでは名詞を修飾する形容詞（限定用法）が必要なので、(B)のopposing（正反対の、相容れない）が正解です。
語句 □science magazine 科学雑誌　□present ～を示す　□point of view 主張、視点、意見　□issue 問題　□climate change 気候変動

35. (B) ★★★

訳 ダンケル博士の素晴らしいプレゼンテーションを聞いた後、聴衆は彼女の新しい理論に非常に感銘を受けたようだった。

解説 代名詞の問題です。「誰々の〜」という場合には、〈名詞 + of + 所有代名詞〉の形で表現します。this pen of mine（私のこのペン）やan inspired speech of his（彼の印象的なスピーチ）も同じ用例なので、慣れておきましょう。

語句 □brilliant 素晴らしい、見事な　□audience 聴衆　□impress 〜を感動させる、〜に感銘を与える　□theory 理論

36. (C) ★★★

訳 バクスターさんはその画廊を訪れた際、さまざまな国の名画を近距離で見ることができた。
(A) 名 資金、基金　(B) 名 印象、肖像　(C) 名 範囲、距離　(D) 名 現場、場所

解説 語彙の問題です。at close rangeは「近距離で」の意味の重要熟語です。see 〜 at close range（〜を近くで見る）の形でよく用いられます。

語句 □gallery 画廊、美術館　□painting 絵画

37. (C) ★★

訳 うまく書かれていようがそうでなかろうが、先週我々が提出したチームの中間報告書のことを心配しても無駄だ。

解説 動名詞の問題です。動名詞を用いた重要構文の〈It is no use *doing*〉（〜しても無駄だ）が分かっているかどうかを問う問題です。正解は動名詞の(C) worryingです。この構文を用いた有名な諺に、It is no use crying over spilt milk.（覆水盆に返らず）がありましたね。

語句 □interim report 中間報告書　□hand in 〜 〜を提出する

38. (D) ★★

訳 これらの書類は機密性の高いものなので、必ず安全な場所に保管しておいて下さい。
(A) 形 古典的な、伝統的な　(B) 形 家庭の、国内の　(C) 形 携帯用の　(D) 形 安全な

解説 語彙の問題です。keep themのthemはthese documentsのことを指しているので、機密書類であれば、安全な場所に保管する必要があります。よって、(D)のsecure（安全な）が正解となります。

語句 □document 書類　□highly 極めて、非常に　□confidential 極秘の、機密の　□make sure to *do* 必ず〜する　□location 場所、位置

39. (B) ★★★

訳 これらの薬は、強い副作用をよく引き起こすという十分な証拠があるにもかかわらず、高血圧の治療にいまだ広く用いられている。

(A) 接 〜であるかぎりは　(B) 前 〜にもかかわらず　(C) 接 だから　(D) 接 〜だけれども

解説 前置詞の問題です。空所の後のabundant proofにthatがついています。このthatは同格のthatで「〜という」の意味を表します。名詞のproofは、直後の名詞節であるthey often cause severe side effectsを従えているわけです。よって、空所には前置詞の(B) despiteしか入れることはできず、接続詞を入れることはできません。

語句 □drug 薬、薬剤　□treat 〜を治療する　□hypertension 高血圧（= high blood pressure）　□abundant 十分な、豊富な　□proof 証拠、証明　□cause 〜を引き起こす　□severe 重度の、激しい　□side effect 副作用

40. (D) ★★

訳 我が社はここ15年間一定水準の売上高を維持してきたが、さらに今後はそれを伸ばすべくより努力をすべきであろう。

(A) 副 ほとんど　(B) 副 1人で　(C) 副 すでに　(D) 副 さらに

解説 副詞の問題です。コンマの前後の2つの節が接続詞のyet（それにもかかわらず）で結ばれています。(A)〜(D)まですべて副詞になっていますが、文意から判断して、助動詞shouldの後にはalso（さらに、その上）を入れるのが適切です。

語句 □maintain 〜を維持する　□certain 一定の、特定の　□sales volume 売上高　□in the coming years 今後は　□make efforts to do 〜するよう努力する　□increase 〜を増やす

Part 6

Questions 41-43

文章の訳 設問41-43は次の告示に関するものです。

当行は工事中も営業しています！

当行の拡張建設工事に伴う不便をお許し下さい。施設をさらに1000平方フィート拡張し、新しいＡＴＭ機を５台追加設置し、内装をやり直す間、業務の中断は一切ございません。

当行は９月10日から15日まで再オープンイベントを開催致します。その期間、増改築完成を祝って特別ご奉仕、軽食、記念行事などを行ないます。その週の間に、お立ち寄り下さいますようお願い申し上げます。

ノースウエスタン銀行に引き続き変わらぬご支援をお願い申し上げます。

ノースウエスタン銀行
ポートランド支店　　(503) 555-3121　　218　西ワシントン通り

41. (C) ★★★
選択肢の訳 (A) 動 詫びる　(B) 動 〜を許可する　(C) 動 〜を許す　(D) 動 〜を理解する

解説 語彙の問題です。ノースウエスタン銀行は現在拡張建設工事中であるが、営業はそのまま続けるという顧客に向けた通知です。それに伴う不便（inconvenience）をどうして欲しいかと考えれば、(C)のpardon（〜を許す）が正解だと分かります。

42. (D) ★
選択肢の訳 (A) 動 〜をやり遂げる、完成する　(B) 動 completeの過去・過去分詞形
(C) 名 completeの動名詞：完成　(D) 名 完成、完了

解説 品詞の問題です。空所の前に冠詞のthe、後には前置詞のofがあるため、空所には名詞が入ることが分かります。よって、正解は(D)のcompletion（完成）です。(C)も動名詞ということで名詞の働きを持ちますが、まずは動名詞よりも名詞を優先させるわけですね。

43. (B) ★★
選択肢の訳 (A) 動 〜を継続する　(B) 形 継続する　(C) 名 連続性、継続性　(D) 副 連続的に、継続的に

解説 分詞の問題です。名詞patronage（愛顧、支援）の前には形容詞の(B) continued（継続する、引き続きの）を入れるのが適切です。Thank you for your continued patronage.（引き続き変わらぬ支援をお願いします）はよく用いられる決まり表現です。Thank you for your continued support.と言っても同じ意味を表します。

語句 □during construction 建設中　□inconvenience 不便、迷惑　□expansion 拡大　□interruption 中断　□service 業務　□expand 〜を拡張する　□facility 施設　□extra 追加の　□square feet 平方フィート　□add 〜をつけ足す　□ATM 現金自動預払機（automated teller machineの略）　□redo 〜をやり直す　□interior 内装　□grand reopening 華々しい再オープン　□special offer 特別ご奉仕　□refreshments 軽食、スナック　□festivity お祝いの行事　□celebrate 〜を祝う　□renovation 改築　□stop in 立ち寄る

Questions 44-46

文章の訳 設問44-46は次のお知らせに関するものです。

ニューライフ・キリスト教会でゴスペル音楽祭

6月5日土曜日午後6時30分から、ニューライフ・キリスト教会はペンシルバニア州フィラデルフィア市のレコーディング・アーティスト「ハーバーライトハウス」の演奏をお届けいたします。

野外で素晴らしい音楽の夕べを楽しみたい方は、折り畳み椅子をご持参の上、普段着でお越し下さい。雨天の場合または暑すぎる場合には、コンサートはエアコンの効いた新しい礼拝堂に移動します。

ニューライフ・キリスト教会はハイウェイ47と18の分岐合流点、ライオンズ・フットボールスタジアムの北東側付近のハイウェイ18沿いにあります。

詳しくは、717-555-3301にお電話をするか、当教会のウェブサイトwww.hnewlife.comをご覧下さい。

44. (C) ★★★

解説 分詞の問題です。空所の前にwill beがあります。この後に過去分詞の(B)を入れるべきか、あるいは現在分詞の(C)を入れるべきかを考えるわけですが、(B)のpresentedを入れると受動態になり意味が通じないため、(C)のpresentingが正しいと判断できます。つまり、未来進行形〈will be + 現在分詞〉の形にするわけです。

45. (C) ★★

選択肢の訳 (A) 接 ～か～　(B) 接 なぜかというと　(C) 接 もし～なら　(D) 接 ～なので

解説 接続詞の問題です。If it rains, or is too hot, とすれば「もし雨が降ったり、暑すぎたりすれば」の意味となり文意が成立するので、(C)のIfが正解です。(B)のForは接続詞として用いる場合、文頭に用いることはできないことを覚えておきましょう。

46. (B) ★★

選択肢の訳 (A) 名 歩道の縁石　(B) 名 分岐合流点　(C) 名 通路　(D) 名 歩道

解説 語彙の問題です。空所の直後のof Highways 47 and 18から判断して、意味的に適切なものを選びます。正解は(B)のjunction（分岐合流点）です。

語句 □gospel music ゴスペル音楽　□recording artist レコーディング・アーティスト　□lawn chair 折り畳み椅子（芝生の庭などで用いる軽い椅子）　□outdoors 屋外で、野外で　□air-conditioned エアコンの効いた　□sanctuary 礼拝堂　□highway ハイウェイ、幹線道路　□northeast 北東の

Questions 47-49

文章の訳 設問47-49は次の社内文書に関するものです。

社内回覧

日付：3月17日
宛先：全社員
発信者：ローランド・マースザレック、社長
件名：歓迎会

ケン・アダムズ氏がトンプソン・トランスポート社の新しいマーケティング部長に任命されたことをお知らせ致します。彼はダラス支社に異動となるトロイ・ウイリアムズ氏の後任を務めます。この任命は4月1日付で発令となります。

ケンは当社に過去10年間勤務し、ごく最近まではシカゴ支社にいました。当社のデトロイト本社に彼を温かく迎えるために、私たちは来週の金曜日午後5時から彼に敬意を表して歓迎会を催します。ささやかな催し物と軽食を用意しますので、レセプションホールにご参集下さい。

47. (D) ★★

解説 受動態の問題です。Please be advised (that) ～は「～をお知らせ致します」の意味を表す重要表現です。よって、空所には(D)のbe advised（受動態）が入ります。

48. (B) ★

選択肢の訳 (A) 名 影響、効果　(B) 形 実施されて、発効されて　(C) 副 効果的に、事実上　(D) 名 有効性、効力

解説 品詞の問題です。空所の前にwill becomeが来ているので、空所には形容詞のeffective（実施されて、発効されて）を入れれば意味が通ります。will become effectiveはwill be effectiveに書き換え可能です。

49. (B) ★★

選択肢の訳 (A) 名 試み、入札　(B) 名 敬意、名誉　(C) 名 特権、特典　(D) 名 印、証拠

解説 語彙の問題です。reception（歓迎会）を催す目的は何かと考えます。空所には(B)のhonor（敬意、名誉）を入れ、in one's honor（～に敬意を表して、～をたたえて）の形にするのが正解です。

語句 □memo 連絡メモ、社内回覧（memorandumの略）　□reception 歓迎会　□appoint A as B A(人)をB(仕事・役職)に任命する　□marketing manager マーケティング部長、販売部長　□replace ～に取って代わる　□transfer ～を転勤させる　□branch 支社、支店　□appointment 任命　□in order to do ～するために　□warmly 温かく　□headquarters 本社　□reception hall レセプションホール、催し会場　□refreshments 軽食、スナック

Questions 50-52

文章の訳 設問50-52は次のレターに関するものです。

アンダーソン建設
1513　北ソーンダーズ通り
ローリー市、ノースカロライナ州　27603

4月14日

テッド・プライス様
630　ローズモント・ドライブ
コロラド・スプリングズ市、コロラド州　80911

プライス様

コロラド・スプリングズ滞在中に貴殿から頂きましたお心遣いに心より感謝申し上げます。有意義なミーティングを持てたと同時に、建設プロジェクトに何が必要かについて理解を深めることができたと思っています。

弊社で本件に関わっている者と検討させて下さい。詳細が詰まり次第、また連絡致します。

ビッグジョンズ・ステーキハウスに行った際、一緒に撮りました写真を同封致します。気に入って頂けるとよいのですが。本プロジェクトでご一緒に仕事ができることを楽しみにしております。

敬具

ピーター・ブロックサム
開発部長
アンダーソン建設

50. (B) ★★★

選択肢の訳 (A) 動 〜を議論する　(B) 動 〜を伴う、必要とする　(C) 動 〜を解決する
(D) 動 〜を強く促す

解説 語彙の問題です。what the building project wouldの部分に注目します。「この建築計画が〜すること」の意味になるように、空所に適切な動詞を入れます。正解は、(B)のentail（〜を伴う、必要とする）です。

51. (A) ★★

選択肢の訳 (A) 節 〜するとすぐに　(B) 前 〜の間に　(C) 前 〜の際は、〜の場合は
(D) 節 〜する間に

解説 接続詞の問題です。空所の後のwe get the details worked out,の部分は節（副詞節）になっています。よって、空所には接続詞を入れます。接続詞は(A)と(D)ですが、文意に合っているのは、従位接続詞の(A) As soon as（〜するとすぐに）です。(B)と(C)は前置詞なので、直後には名詞（相当語句）が来ます。

52. (D) ★

解説 動名詞の問題です。これは1秒問題です。look forward toの後は、必ず名詞（動名詞）でしたね。よって、正解は(D)のworkingです。〈look forward to + *doing*〉は「〜を楽しみにしている、心待ちにしている」の意味です。

語句 □hospitality 歓待　□meaningful 意味のある、有意義な　□gain 〜を得る
□good understanding 十分な理解　□building project 建築プロジェクト
□*be* involved with 〜 〜に関わる　□get 〜 worked out 〜を詰める、取り決める
□details 詳細　□enclose 〜を同封する　□development director 開発部長

●著者紹介

宮野智靖　Tomoyasu Miyano
広島県出身。ペンシルベニア州立大学大学院スピーチ・コミュニケーション学科修士課程修了（M.A.）。現在、関西外国語大学短期大学部教授。

主要著書：『ネイティブ厳選必ず使える英会話まる覚え』『ゼロからスタートディクテーション』『ゼロからスタートシャドーイング』（以上、Jリサーチ出版）、『新TOEIC® TESTプレ受験600問』『新TOEIC® TEST完全攻略模試』（以上、語研）、『TOEIC® TEST 600点突破のための英単語と英熟語』『TOEIC® TEST 730点突破のための英単語と英熟語』（以上、こう書房）、『TOEIC®テストはじめて覚える英単語と英熟語』（ダイヤモンド社）

主要資格： TOEIC 990点、英検1級、通訳案内業国家資格。

カバーデザイン	滝デザイン事務所
本文デザイン＋DTP	江口うり子（アレピエ）
執筆協力	Patrick Vernon

TOEIC® TEST 英文法・語彙 ベーシックマスター

平成21年（2009年）8月10日　初版第1刷発行
平成26年（2014年）3月10日　第4刷発行

著　者	宮野 智靖	
発行人	福田 富与	
発行所	有限会社 Jリサーチ出版	
	〒166-0002 東京都杉並区高円寺北2-29-14-705	
	電話 03(6808)8801（代）FAX 03(5364)5310	
	編集部 03(6808)8806	
	http://www.jresearch.co.jp	
印刷所	株式会社シナノパブリッシングプレス	

ISBN978-4-901429-93-1　禁無断転載。なお、乱丁・落丁はお取り替えいたします。
© Tomoyasu Miyano 2009 All rights reserved.

模擬試験 解答用紙

PART 5

	ANSWER A B C D		ANSWER A B C D		ANSWER A B C D		ANSWER A B C D
1	Ⓐ Ⓑ Ⓒ Ⓓ	11	Ⓐ Ⓑ Ⓒ Ⓓ	21	Ⓐ Ⓑ Ⓒ Ⓓ	31	Ⓐ Ⓑ Ⓒ Ⓓ
2	Ⓐ Ⓑ Ⓒ Ⓓ	12	Ⓐ Ⓑ Ⓒ Ⓓ	22	Ⓐ Ⓑ Ⓒ Ⓓ	32	Ⓐ Ⓑ Ⓒ Ⓓ
3	Ⓐ Ⓑ Ⓒ Ⓓ	13	Ⓐ Ⓑ Ⓒ Ⓓ	23	Ⓐ Ⓑ Ⓒ Ⓓ	33	Ⓐ Ⓑ Ⓒ Ⓓ
4	Ⓐ Ⓑ Ⓒ Ⓓ	14	Ⓐ Ⓑ Ⓒ Ⓓ	24	Ⓐ Ⓑ Ⓒ Ⓓ	34	Ⓐ Ⓑ Ⓒ Ⓓ
5	Ⓐ Ⓑ Ⓒ Ⓓ	15	Ⓐ Ⓑ Ⓒ Ⓓ	25	Ⓐ Ⓑ Ⓒ Ⓓ	35	Ⓐ Ⓑ Ⓒ Ⓓ
6	Ⓐ Ⓑ Ⓒ Ⓓ	16	Ⓐ Ⓑ Ⓒ Ⓓ	26	Ⓐ Ⓑ Ⓒ Ⓓ	36	Ⓐ Ⓑ Ⓒ Ⓓ
7	Ⓐ Ⓑ Ⓒ Ⓓ	17	Ⓐ Ⓑ Ⓒ Ⓓ	27	Ⓐ Ⓑ Ⓒ Ⓓ	37	Ⓐ Ⓑ Ⓒ Ⓓ
8	Ⓐ Ⓑ Ⓒ Ⓓ	18	Ⓐ Ⓑ Ⓒ Ⓓ	28	Ⓐ Ⓑ Ⓒ Ⓓ	38	Ⓐ Ⓑ Ⓒ Ⓓ
9	Ⓐ Ⓑ Ⓒ Ⓓ	19	Ⓐ Ⓑ Ⓒ Ⓓ	29	Ⓐ Ⓑ Ⓒ Ⓓ	39	Ⓐ Ⓑ Ⓒ Ⓓ
10	Ⓐ Ⓑ Ⓒ Ⓓ	20	Ⓐ Ⓑ Ⓒ Ⓓ	30	Ⓐ Ⓑ Ⓒ Ⓓ	40	Ⓐ Ⓑ Ⓒ Ⓓ

PART 6

	ANSWER A B C D		ANSWER A B C D
41	Ⓐ Ⓑ Ⓒ Ⓓ	51	Ⓐ Ⓑ Ⓒ Ⓓ
42	Ⓐ Ⓑ Ⓒ Ⓓ	52	Ⓐ Ⓑ Ⓒ Ⓓ
43	Ⓐ Ⓑ Ⓒ Ⓓ		
44	Ⓐ Ⓑ Ⓒ Ⓓ		
45	Ⓐ Ⓑ Ⓒ Ⓓ		
46	Ⓐ Ⓑ Ⓒ Ⓓ		
47	Ⓐ Ⓑ Ⓒ Ⓓ		
48	Ⓐ Ⓑ Ⓒ Ⓓ		
49	Ⓐ Ⓑ Ⓒ Ⓓ		
50	Ⓐ Ⓑ Ⓒ Ⓓ		